Katharina Niederhoff

Erfolgreiche Mitarbeitermotivation im Servicebereich

Motivierte Mitarbeiter bieten den besseren Service

Bibliografische Information der Deutschen Nationalbibliothek:

Die Deutsche Nationalbibliothek verzeichnet diese Publikation in der Deutschen Nationalbibliografie; detaillierte bibliografische Daten sind im Internet über http://dnb.d-nb.de abrufbar.

Impressum:

Copyright © Studylab 2019

Ein Imprint der Open Publishing GmbH, München

Druck und Bindung: Books on Demand GmbH, Norderstedt, Germany

Coverbild: Open Publishing GmbH | Freepik.com | Flaticon.com | ei8htz

Inhaltsverzeichnis

1 Einführung

> „Denn ein Schiff erschaffen heißt nicht die Segel hissen, die Nägel schmieden, die Sterne lesen, sondern die Freude am Meer wachrufen [...].“[1]

Diese Aussage von Saint-Exupéry lässt sich gut auf den Arbeitsalltag übertragen. Es wird aufgezeigt, dass es um mehr geht als nur die Ausführung einer Aufgabe allein. Es geht darum, sich mit dem Ziel identifizieren zu können, eine Vision zu haben. Diese Vision spiegelt sich in der Freude am Meer wider, die es zu wecken gilt.

Es geht um die Beschäftigung von Mitarbeitern, die stolz auf ihre Tätigkeit sind und die es begeistert, für die Unternehmensziele zu arbeiten. Die Mitarbeiter sollten dabei das Endergebnis sehen und davon inspiriert werden. Denn sie sind schließlich das Aushängeschild des Unternehmens, die mit ihrer Begeisterung die Kunden anstecken sollten.

1.1 Situation

Diese Arbeit wird sich speziell mit der Situation in einem Servicebereich befassen. Doch was ist überhaupt Service?

Andere Wörter für Service sind beispielsweise „Kundendienst", „Bedienung und Betreuung von Gästen" oder auch „Dienstleistung".[2]

Service kann also als Bedienung bezeichnet werden. Im Laufe der Zeit hat sich herausgestellt, dass die reine Bedienung jedoch nicht ausreicht, sondern zusätzlich die Freundlichkeit des Erbringers eine große Rolle spielt. Ein guter Service ist ein elementarer Baustein, um langfristig Kundenbeziehungen zu stärken und beizubehalten. Denn eines ist klar: Sind Kunden unzufrieden durch das Erleben eines schlechten oder gar keinen Services, schauen sie sich nach anderen Anbietern um.[3]

Auf Grundlage der Definition handelt es sich bei einem Servicebereich um einen Bereich oder um eine Abteilung in einem Unternehmen, in der die Kunden serviceorientiert betreut werden.

---

[1] De Saint-Exupéry, Antoine (2009), S. 285
[2] Vgl. Dudenredaktion (o.J.)
[3] Vgl. Hübner, Sabine (2007), S. 9-14

Die im Rahmen dieser Arbeit betrachteten Personen, die in einem Servicebereich arbeiten, sind somit Personen, die als Schnittstelle zum Kunden dienen. Die hier betrachteten Mitarbeiter sollten daher ein hohes Maß an Eigenverantwortlichkeit mitbringen.[4]

Besonders im Servicebereich ist es sehr wichtig, Mitarbeiter zu beschäftigen, die sich mit den Zielen des Betriebes identifizieren und den Service des Unternehmens für die Kunden erlebbar machen.

1.2 Zielsetzung

Das Ziel dieser Arbeit liegt darin, herauszufinden, wie die Motivation von Mitarbeitern langfristig sichergestellt werden kann. Dabei soll der Blick speziell auf die Möglichkeiten der Führungskräfte des Unternehmens, sowie auf die Mitarbeiter zur Selbstmotivation gelegt werden.

Um dieses Ziel zu erreichen, wird zunächst die humanistische Psychologie, die die Basis darstellt, thematisiert. Zur besseren Verständlichkeit werden noch weitere wichtige Begrifflichkeiten genauer definiert, um dann auf die Herkunft sowie auf die Bedeutung der humanistischen Psychologie einzugehen. Im Anschluss werden die positive Psychologie, sowie der Flow genauer betrachtet. Diese beiden Modelle dienen als Übergang in das Hauptthema: Die Motivation im Betrieb.

Zuerst ist es wichtig, aufzuzeigen, weshalb Menschen überhaupt einer beruflichen Tätigkeit nachgehen. Es werden einige Motivationsmodelle thematisiert und verschiedene Motivationsarten beschrieben. Darauf folgend wird auf die Mitarbeiterzufriedenheit, sowie deren betriebswirtschaftlichen Nutzen und Risiken bei nicht vorhandener Motivation eingegangen.

Speziell das Verhalten der Führungskräfte findet im nachfolgenden Teil der Arbeit ihre Bedeutung. Dann wird die andere Sicht, die der Mitarbeiter selber, betrachtet. Das Ziel ist durch eine Praxisumfrage unter Mitarbeitern in Servicebereichen festzustellen, inwieweit die Führungskraft auf die Motivation einwirkt und ob das Alter der Mitarbeiter eine Rolle spielt.

In einem abschließenden Kapitel sollen die wesentlichen Erkenntnisse zusammengefasst werden.

---

[4]   Vgl. Liepmann, Detlev (2000), S. 42

2 Humanistische Psychologie

2.1 Definitionen

Zu Beginn des Kapitels werden einige essenzielle Begrifflichkeiten genauer erklärt. Diese Bezeichnungen sind im Rahmen der vorliegenden Arbeit als Grundlagen zu verstehen.

2.1.1 Bedürfnisse / Motive

„Für die moderne Psychologie ist das Bedürfnis eine mit einem körperlichen Drang verbundene Erscheinung des Erlebens, des Gefühls oder des Bewußtseins oder des Wollens."[5] Nach Meran ist also der Begriff des Bedürfnisses rein auf menschlicher Basis anwendbar.

Diesen Ansatz bestätigt die Autorin Jutta Mägdefrau. Somit können Betriebe im engeren Sinne keine Bedürfnisse haben, da es sich bei Bedürfnissen um einen Vorgang in einer Person handelt, welches ein bestimmtes Verhalten oder eine Verhaltensveränderung hervorruft.[6]

Nach der Definition des basic needs approach sind Bedürfnisse als Grunderscheinungen zu sehen, damit ein Mensch nicht erkrankt. Diese Definition wird erweitert durch einen erlebbaren subjektiven Mangel.[7] Ein anderer Begriff für ein Bedürfnis ist das Motiv.[8]

Motive werden durch Mangelzustände, wie zum Beispiel Hunger und Machterstreben, aktiviert. Besteht also ein Mangelzustand mit einer bestimmten Intensität, so wird das Bedürfnis bei einer Person bewusst wahrgenommen. Nachdem die Bewusstseinsschwelle übertreten wurde wird durch eine zielgerichtete Handlung das entsprechende Motiv befriedigt. Somit handelt es sich bei den Grundmotiven, wie zum Beispiel Hunger und Durst, um ein stetiges Wechselspiel zwischen einer Mangelerscheinung und einer Sättigung.[9]

In der folgenden Skizze ist das beschriebene Verhalten visualisiert:

---

5   Meran, Josef (1987), S. 19

6   Vgl. Mägdefrau, Jutta (2006), S. 17

7   Vgl. Mägdefrau, Jutta (2006), S. 17-21

8   Vgl. Hess, Ursula (2018), S. 36-62

9   Vgl. Von Rosenstiel, Lutz (2015), S. 5-12

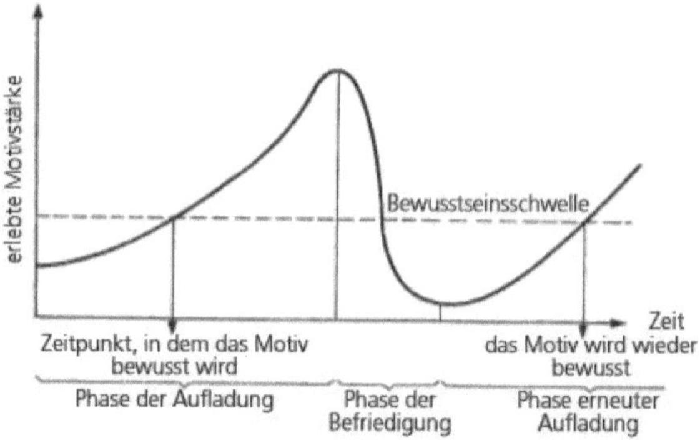

Abbildung 1: Erlebte Intensität eines Motivs zwischen Mangelzustand und Befriedigung[10]

Speziell im Arbeitskontext sind einige Bedürfnisse relevant, von denen besonders drei soziale Motive erforscht sind. Auf die folgenden drei Motive wird im Weiteren genauer eingegangen: Das Leistungsmotiv, das Anschlussmotiv und das Machtmotiv. Diese Motive gelten bereits im Kindesalter als aktiviert und sind somit tief in einem Menschen verwurzelt.[11]

Das Leistungsmotiv motiviert Menschen dazu, eine gute Leistung zu erbringen. Dieses Motiv kann zweierlei Ausprägungen beinhalten: Eine Ausprägung ist der gezielte Wunsch nach Erfolg, während die andere Möglichkeit das gezielte Vermeiden von Misserfolgen umfasst.[12]

Das zweite Motiv ist das sogenannte Anschlussmotiv. Menschen sind soziale Wesen. Für Menschen besteht ein großes Bedürfnis darin, mit anderen Menschen friedlich zu agieren und zu interagieren. Auch hier gibt es, wie bei dem Leistungsmotiv, zweierlei Ausprägungen: Auf der einen Seite das gezielte Vermeiden von Zurückweisungen, auf der anderen Seite das aktive Streben nach Anerkennung.[13]

Eng daran geknüpft liegt das Machtmotiv, denn auch dieses lässt sich durch Interaktionen zwischen Menschen feststellen. In diesem Fall bezieht sich das Motiv darauf, Einfluss auf andere Menschen zu haben. Ebenfalls enthalten ist der Wunsch

---

10   Von Rosenstiel, Lutz (2015), S. 10

11   Vgl. Hess, Ursula (2018), S. 36-62

12   Vgl. Hess, Ursula (2018), S. 36-48

13   Vgl. Hess, Ursula (2018), S. 48-53

nach Kontrolle und Dominanz. Dabei ist festzuhalten, dass es sich bei dem Machtmotiv einerseits um ein eigennütziges Verhalten, andererseits jedoch auch um ein soziales Verhalten handeln kann, in dem auch die Mitmenschen davon profitieren.[14]

2.1.2 Volition und Motivation

Der Begriff Volition findet seinen Ursprung im lateinischen *„voluntas"* und bedeutet *„Willen"*. Ein weiterer lateinischer Begriff, *„volitional"* ist mit *„durch den Willen bestimmt"* zu übersetzen.[15]

Die Volition beschreibt den Willen, ein bestimmtes Ziel zu erreichen. Während Motive oftmals unbewusst auftreten, handelt es sich bei der Volition um bewusst fixierte und selbstgesteuerte Ziele.[16] So ist die Volition ein Grund dafür, dass Ziele, trotz auftretender Widerstände, die es zu überwinden gilt, weiter verfolgt und umgesetzt werden.[17]

Ein weiterer essenzieller Bestandteil innerhalb dieser Arbeit ist die Motivation.

Die Motivation bezeichnet in der Psychologie den Anlass für spezielle Verhaltensweisen von Personen. Der Begriff hat seine Herkunft ebenfalls im lateinischen und kommt von *„movere"*. *„Movere"* bedeutet *„bewegen"*.[18]

Nach Kuhl wird der Prozess der Vorbereitung, verbunden mit dem Umsetzen verschiedener Tätigkeiten, die das Ziel der Bedürfnisbefriedigung verfolgen, als Motivation bezeichnet.[19]

De Micheli beschreibt Motivation als Zielerreichungsmaßnahme, bei dem mit einem hohen Einsatz ein klares und konkretes Ziel erreicht werden soll.[20]

---

[14] Vgl. Hess, Ursula (2018), S. 48-62

[15] Vgl. Heinze, Daniela (2018), S. 18

[16] Vgl. Brandstätter, Veronika / Achtziger, Anja / Gollwitzer, Peter M. (2015), S. 176

[17] Vgl. Heinze, Daniela (2018), S. 18-24

[18] Vgl. Storch, Dorothee Leonie (2012), S. 16

[19] Vgl. Kuhl, Julius (2010), S. 22

[20] Vgl. De Micheli, Marco (2006), S. 19

Nach Michael Groß wird motiviertes Verhalten wie folgt klassifiziert: „Unsere Motivation prägt entscheidend die Richtung und Dauer unseres Handelns, die für andere Menschen in konkreten Situationen zum Ausdruck kommt."[21]

Eine weitere Komponente, die das Handeln prägt, ist die individuelle Intensität in bestimmten Situationen.[22]

2.2 Herkunft und Bedeutung der humanistischen Psychologie

In der Psychologie gab es vor der humanistischen Psychologie zwei Kräfte: Die psychoanalytische Theorie nach Freud und den behavioristischen Ansatz nach Watson. Diese beiden Bausteine haben vor allem Folgendes gemeinsam:

- Es wird davon ausgegangen, dass das Verhalten von Menschen sich an speziellen Gesetzmäßigkeiten orientiert und somit vorhersehbar ist.

- Bei Menschen besteht ein Wunsch nach positiven Erfahrungen. Daraus folgt eine Vermeidung von negativen oder auch schmerzhaften Erfahrungen.[23]

Um 1960 entstand in der Psychologie die humanistische Psychologie. Somit wurde im Jahre 1962 die Association of Humanistic Psychology gegründet.[24]

Die humanistische Psychologie wurde mit Hinblick auf die weiter fortschreitende Entmenschlichung, sowie der Pauschalisierung des Individuums geschaffen.[25]

Zwei bekannte Persönlichkeiten, die sich mit der humanistische Psychologie identifizierten, sind Abraham Maslow und Carl Rogers. Für die beiden Psychologen ist die Entwicklung des individuellen Potenzials eines Menschen der Hauptantrieb.[26] Demnach strebt der Mensch nach einem persönlichen Wachstum der Fähigkeiten, die über die Fähigkeiten des aktuellen Zeitpunkts hinausgehen.[27]

---

[21] Groß, Michael (2013), S. 30

[22] Vgl. Schultheiss, Oliver C. / Brunstein, Joachim C. (1997), S. 297-298

[23] Rammsayer, Thomas / Weber, Hannelore (2010), S. 84

[24] Vgl. Weiner, Bernard (1988), S. 319-321

[25] Vgl. Bühler, Charlotte / Allen, Melanie (1974), S. 6

[26] Vgl. Weiner, Bernard (1988), S. 321-325

[27] Vgl. Bühler, Charlotte (1962), S. 115-118

„Der Mensch ist gut und autonom, das heißt: Er ist nicht nur bestrebt, sondern auch in der Lage dazu, die eigenen Fähigkeiten weiterzuentwickeln, er will und er kann das eigene Leben bestimmen, ihm Sinn und Richtung verleihen."[28]

Im Rahmen der humanistischen Psychologie bestehen miteinander verbundene Leitgedanken. Im Folgenden werden einige davon benannt:

- Der Mensch wird als subjektive Person betrachtet. Dabei muss die einzelne Person nach ihrer individuellen Persönlichkeit beobachtet und beurteilt werden. Somit liegt der primäre Blick auf der Person selbst.

- Es sollen gesunde Personen untersucht werden. Dabei ist festzuhalten, dass ein Mensch das Bedürfnis hat, sich selbst weiter zu entwickeln, sowie an der persönlichen Selbstverwirklichung zu arbeiten.

- Die Einzigartigkeit und Individualität der Person wird akzeptiert. Es geht nicht um die Kontrolle der Person, sondern um das Entwickeln eines Verständnisses dafür.[29]

Zusammenfassend lässt sich sagen, dass es sich bei der humanistischen Psychologie um ein Konzept handelt, bei dem die Selbstverwirklichung und persönliche Entfaltung von Menschen im Vordergrund steht.[30]

2.3 Positive Psychologie

Bei der positiven Psychologie handelt es sich um einen Forschungszweig, der zum Teil auf der humanistischen Psychologie aufbaut.[31]

Erstmalig wurde der Begriff der positiven Psychologie von Maslow im Kontext der humanistischen Psychologie verwendet. 1998 wurde dieser Begriff von Martin E. P. Seligman wieder benutzt und weiter etabliert.[32] Die positive Psychologie ist die Forschung nach dem Glück. Sie beschäftigt sich damit, wie Personen, als auch Unternehmen, glücklich und erfolgreich werden.[33]

---

[28] Kochinka, Alexander (2012), S. 71
[29] Vgl. Weiner, Bernard (1988), S. 321
[30] Vgl. Johach, Helmut (2012), S. 93
[31] Vgl. Ruch, Willibald / Harzer, Claudia (2012), S. 109
[32] Vgl. Ruch, Willibald / Harzer, Claudia (2012), S. 109
[33] Vgl. Tomoff, Michael (2017), S. 1-7

Bei der positiven Psychologie steht die optimale Entwicklung von Individuen und Unternehmen im Vordergrund. Dabei werden vor allem die Emotionen und Eigenschaften beleuchtet, die positiv sind.[34] Es handelt es sich dabei um eine wissenschaftliche Forschung. Dabei wird der Blick gezielt darauf gerichtet, was im Leben alles gut ist und funktioniert. Es werden genau die Gegebenheiten betrachtet, die das Leben schön machen.[35]

Somit ist einer der Hauptaugenmerke darauf gelegt, Stärken weiterhin zu festigen und auszubauen.[36]

Durch verschiedene Metaanalysen wurde festgestellt, dass Optimismus eine Auswirkung auf die Menschen hat, und zwar: Bei Personen, die glücklich sind, wurde ein gesundheitsbewussteres Verhalten, ein höheres Einkommen und durchweg bessere Beurteilungen bei der Arbeit (durch Kunden und durch Vorgesetzte) festgestellt. Zusätzlich wurde eine höhere Wahrscheinlichkeit der Beförderung und großzügigeres Verhalten wahrgenommen. Die wissenschaftlichen Untersuchungen scheinen somit zu belegen, dass es sich lohnt, die positive Psychologie sowohl in das persönliche Leben, als auch in die Unternehmenswelt zu integrieren.[37]

Eine Möglichkeit bewusst auf sein Glücksempfinden einzuwirken ist der Flow.[38] Aus diesem Grund wird im folgenden Kapitel der Flow thematisiert.

2.4 Der Flow

Der Flow bezeichnet die Kontrolle über das Bewusstsein und über die persönlichen Fähigkeiten. Bei dem Flow handelt es sich um eine Ressource, die manche Menschen wirksam nutzen können, Andere wiederum nicht. Dabei wird die Aufmerksamkeit individuell und willentlich auf etwas gerichtet, ohne Ablenkungen zuzulassen. Die Konzentration hält dann genau so lange an, wie diese zur Erledigung der Aufgabe benötigt wird und keinesfalls länger.[39]

---

34 Vgl. Tomoff, Michael (2018), S. 1-6
35 Vgl. Tomoff, Michael (2017), S. 8
36 Vgl. Tomoff, Michael (2018), S. 1-6
37 Vgl. Tomoff, Michael (2017), S. 12-14
38 Vgl. Schlichtenberger, Clara (2012), S. 19
39 Vgl. Csikszentmihalyi, Mihaly (2010), S. 50-55

„Beim Flow haben wir unsere psychische Energie unter Kontrolle, und alles, was wir tun, trägt zu unserem Bewußtsein bei."[40]

Somit ist im Flow ein Denken ohne erhöhte Anstrengungen möglich. Zudem beeinflussen sich das Denken, die Gefühle, sowie der eigene Wille gegenseitig positiv.[41]

Innerhalb des Flows stoßen die Personen an die Grenzen ihrer bisherigen Fähigkeiten und entwickeln darüber hinaus ihre Potenziale weiter.[42]

Die folgende Abbildung zeigt ein bereits überarbeitetes Modell, das ursprünglich von Mihaly Csikszentmihalyi erstellt wurde:[43]

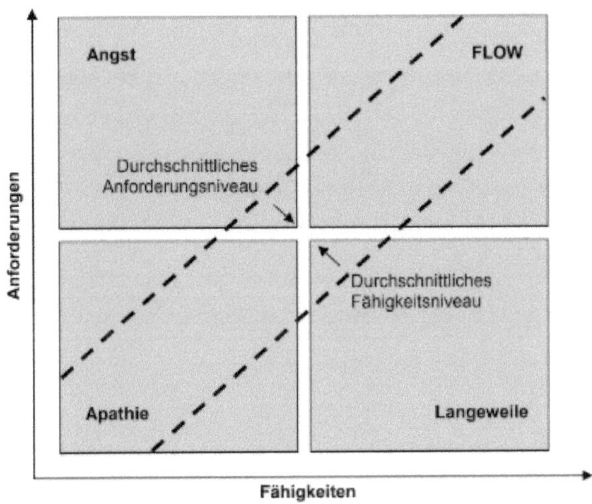

Abbildung 2: Flow-Modell[44]

Der Flow ist laut Csikszentmihalyi ein Prozess der innerhalb eines schmalen Grades zwischen der Langeweile und der Angst einer Person liegt. Das Modell zeigt, dass genau dann eine optimale Erfahrung einer Aktivität gegeben ist, wenn dem Niveau der Anforderungen und dem Niveau der Fähigkeiten dieselben Werte zugeordnet werden und diese zusätzlich im oberen Bereich liegen. Bei Erfahrungen von Personen innerhalb des Flow-Kanals empfindet die betroffene Person ein

---

[40] Csikszentmihalyi, Mihaly (2010), S. 62
[41] Vgl. Wunderer, Rolf / Küpers, Wendelin (2003), S. 138
[42] Vgl. Krafft, Andreas / Walker, Andreas (2018), S. 27
[43] Vgl. Riedl, Heike (2014), S. 95
[44] Riedl, Heike (2014), S. 95

glückliches, positives, konzentriertes und motiviertes Gefühl. Das Gegenteil des Flows ist die Apathie. Diese tritt ein, wenn sowohl die Anforderungen, als auch die Fähigkeiten gegen Null gehen. In zwei Varianten ist die Flow-Erfahrung nicht gegeben. Die erste Variante ist, dass die Fähigkeiten die Handlungsmöglichkeiten übersteigen. In diesem Fall tritt Langeweile ein. Wenn die Handlungsanforderungen die Fähigkeiten übertreffen, erfährt die Person ein Angstgefühl. Dabei handelt es sich um die zweite abweichende Ausprägung in der Veranschaulichung.[45]

Csikszentmihalyi benennt ein Beispiel: Das Erlernen des Tennisspielens. So ist eine Person, die angefangen hat das Tennisspielen zu erlernen, bereits nur beim erfolgreichen Ball über das Netz bringen in einem Flow-Zustand. Da die Anforderungen dann schnell steigen, müssen parallel die Fähigkeiten des Tennisspielers steigen.[46]

Der Flow, auch als Flusserfahrung bezeichnet, findet sich ebenfalls im Arbeitsgeschehen wieder. Somit findet im Betrieb ein Zusammenwirken von tatsächlichen Bedingungen, sowie individuellen Einstellungen gegenüber der Arbeitstätigkeit statt.[47] Auch dort ist es so, dass Personen eine positive Beeinflussung auf das Glücksempfinden verspüren, wenn sie sich in einem Flow befinden.[48]

Da wir Menschen sehr viel Lebenszeit am Arbeitsplatz verbringen, wird sich der nächste Abschnitt gezielt mit der Motivation im Betrieb befassen.

---

[45] Vgl. Riedl, Heike (2014), S. 93-95
[46] Vgl. Csikszentmihalyi, Mihaly (2010), S. 106-107
[47] Vgl. Wunderer, Rolf / Küpers, Wendelin (2003), S. 138-139
[48] Vgl. Schlichtenberger, Clara (2012), S. 19

3 Motivation im Betrieb

„Motive und die damit einhergehende Motivation sind für Menschen nicht sichtbar. Dennoch wissen wir, dass sie existieren und Menschen zielgerichtet und absichtsvoll handeln, um ihre Bedürfnisse zu befriedigen."[49]

3.1 Motivationstheorien

Zu Beginn des Themas Motivation im Betrieb ist es wichtig, einen Blick auf die Motivation in Richtung der Herkunft, Steigerung und Lenkung zu werfen.

Innerhalb der Motivationstheorien wird zwischen den Inhalts- und den Prozesstheorien unterschieden. Während sich die Inhaltstheorien mit der Frage, durch welche speziellen Anreize Motive und somit ein entsprechendes Verhalten aktiviert werden, beschäftigen, geht es bei den Prozesstheorien um die Faktoren, die eine Motivation schaffen und dadurch ein gewisses Verhalten erzeugen.[50]

Zum Einstieg des Themas Motivation im Betrieb wird eine Auswahl von speziellen Motivationstheorien betrachtet, die sich mit der Art und Weise der Aktivierung von Bedürfnissen und Anreizen beschäftigen: Die Bedürfnispyramide nach Maslow und die ERG-Theorie von Alderfers.

3.1.1 Bedürfnispyramide nach Maslow

Ein Modell aus der humanistischen Psychologie, welches sehr bekannt ist, ist die Bedürfnispyramide nach Abraham Maslow. Die erste detailreiche Theorie zum Motivationsverhalten geht somit auf Maslow zurück.[51]

In der Bedürfnispyramide sind fünf verschiedene Ebenen enthalten: [52]

---

49 Kulbe, Annette (2009), S. 65
50 Vgl. Schütz, Julia (2009), S. 44
51 Vgl. Haag, Barbara (2013), S. 29-31
52 Vgl. Reichardt, Tina (2008), S. 37

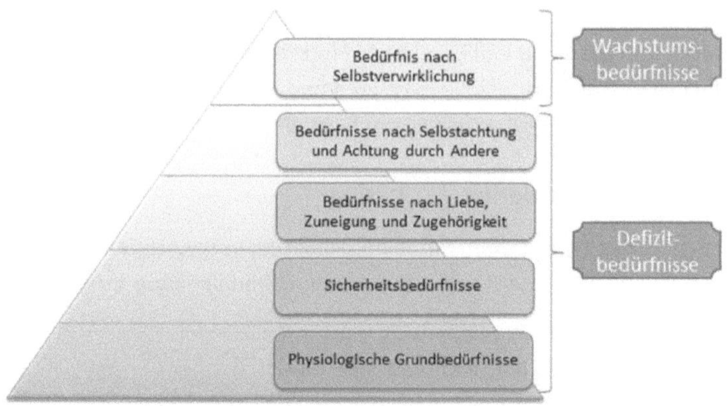

Abbildung 3: In Anlehnung an Reichardt: Bedürfnispyramide nach Maslow[53]

Den Grundbaustein der Pyramide bilden die physiologischen Grundbedürfnisse. Dazu gehören beispielweise Bedürfnisse wie Hunger und Durst.[54] Demnach zählen genau die Bedürfnisse dazu, die sich ansonsten als Mangelzustände körperlich bemerkbar machen.[55]

Die zweite Stufe beinhaltet die Sicherheitsbedürfnisse. Dazu zählen die langfristige Sicherstellung von Recht, Ordnung und Struktur.[56] „Ausdruck dieser Bedürfnisse ist das Streben nach Sicherheit, Schutz vor Schmerz, Furcht, Angst und Ungeordnetheit, schützende Abhängigkeit, Ordnung, Gesetzlichkeit und Verhaltensregelung."[57] Besonders im Bezug auf die berufliche Tätigkeit handelt es sich um ein starkes Sicherheitsbedürfnis, dass der Arbeitsplatz gesichert ist.[58]

Die dritte Ebene beschreibt die sozialen Bedürfnisse, bei denen es speziell um zwischenmenschliche Beziehungen und Kontakt zu anderen Personen geht. Der Mensch hat ein Verlangen nach Freundschaft, Geselligkeit und Sympathie.[59]

---

[53] Vgl. Reichardt, Tina (2008), S. 37
[54] Vgl. Maslow, Abraham (1977), S. 74-78
[55] Vgl. Wiedmann, Stefan (2006), S. 23-24
[56] Vgl. Wiedmann, Stefan (2006), S. 24
[57] Wiedmann, Stefan (2006), S. 24
[58] Vgl. Stock-Homburg, Ruth (2010), S. 71
[59] Vgl. Kühlmann, Torsten M. (2008), S. 69

Das Bedürfnis nach Wertschätzung durch Andere und Selbstachtung beschreibt das Verlangen nach Anerkennung, Einfluss, Selbstachtung und Wertschätzung. Diese Bedürfnisse befinden sich auf der vierten Ebene der Bedürfnispyramide nach Maslow.[60]

Die Spitze der Pyramide bildet das Bedürfnis nach Selbstverwirklichung. Darin enthalten ist der Wunsch des Menschen nach eigener Persönlichkeitsentfaltung.[61] Dieses Bedürfnis liegt darin begründet, dass Menschen danach streben, ihre Fähigkeiten auf ein Maximum zu verbessern.[62]

Der Mensch strebt nach der Erreichung eines Gleichgewichtzustands innerhalb der Defizitmotive. Erst wenn diese Bedürfnisse nahezu vollständig befriedigt sind, kommen die Wachstumsbedürfnisse zur Geltung.[63]

Bei den Wachstumsbedürfnissen ist es hingegen so, dass eine Befriedigung nicht in Gänze eintreten kann, da diese Bedürfnisse fortlaufend wachsen. Das heißt, dass dort, anders als bei den Defizitmotiven, kein Gleichgewicht hergestellt werden kann.[64]

Nach der Definition von Maslow vermeidet eine Befriedigung von Defizit-Bedürfnissen Erkrankungen, während eine Sättigung von Wachstums-Bedürfnissen eine positive Gesundheit bewirkt.[65]

Die Bedürfnispyramide nach Abraham Maslow stellt die Hypothese auf, dass es eine Hierarchie von Bedürfnissen gibt. Demnach kann das nächst höher liegende Bedürfnis erst dann aktiviert werden, wenn das Bedürfnis der vorherigen Stufe befriedigt wurde. Zusätzlich wird festgehalten, dass die Bedürfnisse nicht zwingend zu 100% erfüllt sein müssen, damit die nächste Stufe aktiviert wird.[66] Eine weitere Hypothese ist, dass je höher das Bedürfnis in der Pyramide steht, desto weniger ist die Befriedigung des Bedürfnisses zwingend zum Überleben erforderlich. Das

---

60 Vgl. Wiedmann, Stefan (2006), S. 24
61 Vgl. Wiedmann, Stefan (2006), S. 24
62 Vgl. Stock-Homburg, Ruth (2010), S. 71
63 Vgl. Imberger, Kathrin (2003), S. 116
64 Vgl. Imberger, Kathrin (2003), S. 116
65 Vgl. Maslow, Abraham (1973), S. 42
66 Vgl. Wiedmann, Stefan (2006), S. 25

heißt, dass die Befriedigung der oberen Bedürfnisse eher zurückgestellt werden können, als die Sättigung der unteren Bedürfnisse.[67]

Angenommen, es handelt sich um einen Menschen, der weder Nahrung, Sicherheit, Beziehungen oder eine positive Wertschätzung erfährt – in diesem Fall wird das Bedürfnis nach etwas zu Essen wahrscheinlich dominieren und keinen Raum zur Erfüllung der anderen Bedürfnisse lassen, bis das Bedürfnis der Nahrungsaufnahme befriedigt ist. Die anderen Bedürfnisse, die nicht die physiologischen Grundbedürfnisse betreffen, sind bis zur Erfüllung der Grundbedürfnisse nicht mehr präsent.[68]

3.1.2 ERG-Theorie von Alderfers

Ein abweichendes Modell von der Bedürfnispyramide nach Maslow ist das ERG-Modell von Alderfers. In seinem Modell hat Alderfers versucht, das Modell nach Maslow zu konkretisieren.[69] Das ERG-Modell unterscheidet die Motive in drei verschiedene Klassen:[70]

- E = Existence
- R = Relatedness
- G = Growth

Die Motivklasse „Existence" umfasst die Grundbedürfnisse, „Relatedness" die sozialen Beziehungen und „Growth" die Bedürfnisse nach Wachstum und Selbstverwirklichung.[71]

Die physiologischen Grundbedürfnisse, Arbeitsbedingungen und die Entlohnung der beruflichen Tätigkeit zählen in diesem Modell zu den Grundbedürfnissen (=Existence).[72]

---

67 Vgl. Rammsayer, Thomas / Weber, Hannelore (2010), S. 157
68 Vgl. Maslow, Abraham (1977), S. 74-78
69 Vgl. Kniehl, Axel T. (1998), S. 101
70 Vgl. Wunderer, Rolf / Küpers, Wendelin (2003), S. 103
71 Vgl. Wunderer, Rolf / Küpers, Wendelin (2003), S. 103
72 Vgl. Mansfeld, Martina (2011), S. 48

Die zweite Klasse bezeichnet die Kontaktbedürfnisse (=Relatedness). Darin enthalten sind die Wertschätzung anderer Menschen, sowie der Wunsch nach Zuneigung und nach einem Zugehörigkeitsgefühl.[73]

In den Wachstumsbedürfnissen (=Growth) sind die Wünsche nach Selbstverwirklichung und Produktivität enthalten.[74]

Alderfer stellt innerhalb der Theorie zwei Hypothesen auf. Die erste Hypothese beinhaltet, dass mehrere Bedürfnisse zum selben Zeitpunkt, sogar verteilt auf allen drei Ebenen, motivierend wirken können. Nach der zweiten Annahme Alderfers ist die Hierarchie der Bedürfnisse nach Maslow nicht aktiv. Somit ist das befriedigte Grundbedürfnis nicht die Voraussetzung dafür, dass ein höheres Bedürfnis erst wirksam werden kann.[75]

3.1.3 Vergleich beider Modelle

Die Bedürfnispyramide nach Maslow geht davon aus, dass zuerst die unteren Bedürfnisse und anschließend die oberen bis hin zur Selbstverwirklichung befriedigt werden.[76] Besonders die strikte hierarchische Aufteilung der Bedürfnishierarchie steht unter Kritik. Zusätzlich könnte es Überschneidungen von Bedürfnissen geben, die in mehreren Kategorien nach Maslows Pyramide anzuordnen sind.[77]

Alderfers Theorie hingegen reduziert die Anzahl der Kategorien, in die Bedürfnisse eingeordnet werden können. Jedoch besteht auch dort das Problem der Einordnung verschiedener Bedürfnisse in eine entsprechende Kategorie. Es kann vorkommen, dass Bedürfnisse in mehrere Kategorien eingeordnet werden können und den Menschen somit in seinem Handeln entsprechend beeinflussen. Zusätzlich wird die individuelle Intensität der wirkenden Bedürfnisse nicht weiter innerhalb der Theorie betrachtet.[78]

---

73 Vgl. Mansfeld, Martina (2011), S. 48
74 Vgl. Mansfeld, Martina (2011), S. 48
75 Vgl. Franken, Swetlana (2007), S. 90
76 Vgl. Strombach, Manfred E. (1992), S. 79
77 Vgl. Drumm, Hans Jürgen (2008), S. 392-393
78 Vgl. Drumm, Hans Jürgen (2008), S. 393-394

Dennoch ist festzuhalten, dass die beiden Theorien dem Grunde nach sowohl Motivation, als auch Demotivation erklären.[79] Diese Theorien waren nicht für die Praxis in Betrieben gedacht, werden jedoch gerne von diesen genutzt.[80]

In beiden Theorien finden sich Ansätze sowohl zu Sicherheitsbedürfnissen, als auch zu Kontaktbedürfnissen, zu denen auch die berufliche Tätigkeit zählt.

3.2 Gründe für berufliche Tätigkeit

„Man kann davon ausgehen, daß es fast ausschließlich die materiellen Bedürfnisse sind, die den Menschen veranlassen, einer beruflichen Tätigkeit nachzugehen."[81] Dieses Zitat stammt aus einem Buch aus dem Jahre 1971.

Heutzutage lässt sich hingegen feststellen, dass Menschen auch dann arbeiten gehen, wenn sie finanziell bereits ausgesorgt haben. Daher liegt die Vermutung nahe, dass es noch andere Gründe gibt, beruflich tätig zu sein. Hier wird zwischen zwei Motivationsarten unterschieden. Einerseits sind es jene Antriebe, die in der Tätigkeit selber liegen. Auf der anderen Seite hingegen sind es Anreize, die durch die Nachwirkungen, also durch die Folgen der Erfüllung der Tätigkeit, entstehen.[82]

Die erste Motivationsart ist die sogenannte intrinsische Motivation. Bei der intrinsischen Motivation handelt es sich um die innere Überzeugung ein Ziel zu erreichen.[83]

Somit betrifft die intrinsische Motivation Anreize, die im Durchführen von speziellen Aufgaben oder Tätigkeiten liegen.[84]

Beispiele für die intrinsische Motivation sind, dass das Ausüben der Aufgabe selber Freude und Spaß bereitet. Dabei impliziert die Aufgabe die eigenen Normen und Werte.[85]

---

[79] Vgl. Drumm, Hans Jürgen (2008), S. 394

[80] Vgl. Strombach, Manfred E. (1992), S. 79

[81] Mellerowicz, Konrad (1971), S. 173

[82] Vgl. Von Rosenstiel, Lutz (2015), S. 51-53

[83] Vgl. Maus, Arne (2009), S. 122

[84] Vgl. Rheinberg, Falko (2010), S. 367

[85] Vgl. Osterloh, Margit / Bastian, Daniel / Weibel, Antoinette (2002), S. 409

Intrinsische Motive, die innerhalb der beruflichen Tätigkeit auftreten, sind der Kontaktwunsch zu Anderen, die Leistungserbringung an sich, die Selbstverwirklichung und der Wunsch nach Macht innerhalb des Unternehmens.[86]

Die extrinsische Motivation hingegen bezieht sich auf äußere Einflüsse.[87] Ein extrinsischer Anreiz ist somit das Vermeiden von Bestrafungen oder das Erhalten von Belohnungen bei Zielerreichung.[88]

Folglich sind Tätigkeiten, die rein aufgrund extrinsischer Anreize ausgeübt werden, ein Mittel zum Zweck, um ein Ziel zu erreichen. Ein Beispiel für die extrinsische Motivation ist die Entlohnung aus einer Tätigkeit.[89]

Weitere extrinsische Anreize sind neben den finanziellen Anreizen die sozialen Anreize. Diese umfassen beispielsweise die Teilnahme an unternehmensinternen und an externen Veranstaltungen.[90]

Während die intrinsische Motivation darauf abzielt, etwas wegen der Sache selber zu machen, richtet sich die extrinsische Motivation auf den gewünschten Zustand nach Ausübung der Aufgabe.[91] Der extrinsischen Motivation ist eine hohe Bedeutsamkeit zuzuschreiben. Auf lange Sicht sind die intrinsischen Anreize jedoch mit einer größeren Wirkung auf Leistungen und Arbeitsverhalten der Mitarbeiter belegt.[92]

Wichtig ist festzuhalten, dass beide Motivationsarten in abgestimmter Weise ihren Einsatz haben sollten. Es ist durchaus möglich, dass durch zu hohe extrinsische Anreize eine vorher vorhandene hohe intrinsische Motivation verloren geht. Aus diesem Grund sind die beiden Motivationsarten als Kombination zu erkennen und einzusetzen.[93]

---

[86] Vgl. Von Rosenstiel, Lutz (2015), S. 54

[87] Vgl. Fox, Rüdiger (2017), S. 44

[88] Vgl. Maus, Arne (2009), S. 122

[89] Vgl. Osterloh, Margit / Bastian, Daniel / Weibel, Antoinette (2002), S. 409

[90] Vgl. Von Rosenstiel, Lutz (2015), S. 54

[91] Vgl. Rheinberg, Falko (2010), S. 367

[92] Vgl. Von Rosenstiel, Lutz (2015), S. 55

[93] Vgl. Von Rosenstiel, Lutz (2015), S. 57

3.3 Nutzen motivierter Mitarbeiter für den Betrieb

Welche Anreize im beruflichen Kontext auf einen Mitarbeiter motivierend wirken können, war das Thema des vorherigen Kapitels. Doch welchen Nutzen hat ein Unternehmen von motivierten Mitarbeitern?

Die folgende Darstellung dient als Übersicht der positiven Folgen, die durch eine motivierte Belegschaft entstehen:

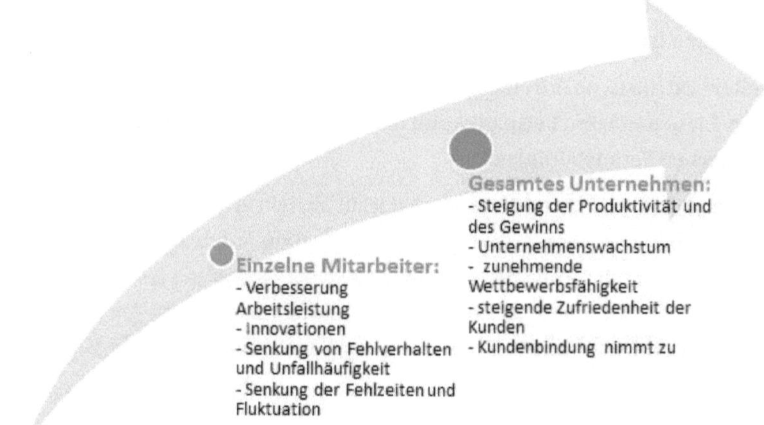

Abbildung 4: In Anlehnung an Becker: Positive Wirkungen von Mitarbeitermotivation[94]

Ein Vorteil für das Unternehmen ist, dass motivierte Mitarbeiter innovativ sind. Sie entwickeln neue Ideen, die in den Arbeitsablauf des Unternehmens integriert werden können.[95]

Neben der steigenden Innovation der Mitarbeiter sind weitere positive Folgen, die durch Mitarbeitermotivation entstehen, dass die Arbeitsleistung der Mitarbeiter steigt. Zusätzlich nimmt die Unfallhäufigkeit im Unternehmen ab. Bei motivierten Mitarbeitern ist eine geringere Anzahl an Fehlverhalten festzustellen. Bei den Mitarbeitern kommt es zu weniger Fehlzeiten und die Fluktuation im Unternehmen nimmt ab. Diese positiven Faktoren wirken sich zusätzlich auf die gesamte Organisation aus. Die Folgen sind, dass die Produktivität steigt und es somit zu einer

---

[94] Vgl. Becker, Florian (2019), S. 2
[95] Vgl. Dörner, Volkhard (2009), S. 245

Steigerung des Gewinns kommt. Durch eine erhöhte Kundenzufriedenheit steigt die Wettbewerbsfähigkeit des Unternehmens weiterhin an. Ein weiterer positiver Effekt ist, dass die Kundenbindungen langfristig gestärkt werden.[96]

Nachdem der Nutzen motivierter Mitarbeiter für den Betrieb herausgearbeitet wurde, werden die Risiken bzw. Folgen durch Demotivation der Mitarbeiter betrachtet.

3.4 Risiken für den Betrieb, wenn Mitarbeiter unmotiviert sind

> „Demotivation reduziert und blockiert Motivationsenergien oder Leistungspotenziale von Mitarbeitern sowie deren Engagement für die Organisation."[97]

Eine Demotivation hat Auswirkungen auf die Mitarbeiter selber, die zwischenmenschlichen Beziehungen im Arbeitsumfeld und auf das gesamte Unternehmen.[98]

Die Auswirkungen von demotivierten Mitarbeitern auf die Mitarbeiter persönlich betreffen Leistungsschwankungen, eine verringerte Konzentration, Fehlverhalten und eine Steigerung von Arbeitsunfällen. Zusätzlich können emotionale Unstimmigkeiten, wie beispielsweise Unzufriedenheit oder eine Überlastung am Arbeitsplatz, oftmals begleitet von Gefühlen wie Angst, Schuld, Ermüdung oder sogar Depression, vorkommen. Daraus können dann Stress, sowie weitere psychosomatische Erkrankungen entstehen (z.B. Burnout, Erschöpfung und Depression). Ebenfalls können sich die Auswirkungen zusätzlich auf den privaten Bereich übertragen. Eine Folge könnte dann sein, dass die betroffene Person sich abwendet und innerlich schon aufgegeben hat. Schlussendlich kann es zu der sogenannten inneren Kündigung kommen.[99] Die innere Kündigung macht sich durch das Verweigern der Arbeitsbereitschaft des Mitarbeiters bemerkbar.[100]

Der nächste Bereich, der von einer bestehenden Demotivation direkt betroffen ist, ist der Bereich der zwischenmenschlichen Beziehungen innerhalb eines Betriebes. Betroffen sind davon dann zusätzlich zu direkten Kollegen des Mitarbeiters auch die Führungskräfte und externe Personen. Als Auswirkung zeigt sich sozialer

---

[96] Vgl. Becker, Florian (2019), S. 1-4
[97] Wunderer, Rolf / Küpers, Wendelin (2003), S. 63
[98] Vgl. Wunderer, Rolf / Küpers, Wendelin (2003), S. 64-66
[99] Vgl. Wunderer, Rolf / Küpers, Wendelin (2003), S. 64-66
[100] Vgl. Faller, Michael (1991), S. 90

Stress, wie beispielsweise Mobbing. Auch hier zeigt das Abwenden des Mitarbeiters eine starke Wirkung. Somit können negative Gefühle und Meinungsbilder auf andere Personen übertragen werden. Die Folgen davon sind anschließend Spannungen untereinander, fehlende Akzeptanz, Misstrauen sowie Konflikte innerhalb der Organisation.[101]

Als Drittes ist von der Demotivation das Unternehmen als gesamte Organisation betroffen. Auch dort machen sich Auswirkungen bemerkbar. Bedeutsam sind besonders die folgenden Komponenten aus Sicht der Kosten, sowie der Leistungserbringung: [102]

Durch demotivierte Mitarbeiter steigen Fehlzeiten, Arbeitsunfälle sowie die Fluktuation im Unternehmen an. Die Leistungen verschlechtern sich in der Qualität, zudem nimmt die Bearbeitungsdauer der Leistungen zu. Innerhalb des Unternehmens sinkt außerdem die Flexibilität der Mitarbeiter. Das Engagement nimmt ab und damit auch die Bereitschaft der Mitarbeiter, sich in die Prozesse des Unternehmens eigenständig innovativ zu integrieren. Innerhalb von Arbeitsgruppen kann es zu Störungen der Teamprozesse kommen. Das Klima innerhalb der Organisation verschlechtert sich. Es kann zu Diebstahl, Vandalismus und Verschwendung von Materialien kommen. Schlussendlich leiden die Kundenbeziehungen, sowie die Kundenzufriedenheit unter der Situation, sodass der Kundenstamm sich verringern kann und die Weiterempfehlung der Kunden abnimmt. Die Kosten des Unternehmens steigen durch die voran genannten Faktoren an, sodass ein wirtschaftlicher Schaden für das Unternehmen entsteht.[103]

In den letzten beiden Kapiteln 3.3. und 3.4. wurde der Nutzen motivierter Mitarbeiter, sowie das Risiko demotivierter Mitarbeiter herausgearbeitet. Im nächsten Abschnitt wird die Mitarbeiterzufriedenheit thematisiert.

Die Basis für Mitarbeiterzufriedenheit liegt in verschiedenen Motivationstheorien. Grundsätzlich kann aus einer positiven Motivation eine Arbeitszufriedenheit resultieren. Wiederum kann die Mitarbeiterzufriedenheit auch erneut motiviertes Verhalten begründen.[104]

---

[101] Vgl. Wunderer, Rolf / Küpers, Wendelin (2003), S. 64-66

[102] Vgl. Wunderer, Rolf / Küpers, Wendelin (2003), S. 64-66

[103] Vgl. Wunderer, Rolf / Küpers, Wendelin (2003), S. 64-66

[104] Vgl. Schütz, Julia (2009), S. 43

3.5 Mitarbeiterzufriedenheit

Unter Zufriedenheit wird ein positives Gefühl verstanden, dass sich beispielsweise durch Glücklich sein oder Wohlbefinden äußert. Davon ausgehend handelt es sich bei der Mitarbeiterzufriedenheit um ein individuelles Empfinden, dass die persönlichen Handlungen bei der Arbeit wichtig sind und die persönlichen Werte während der Arbeitstätigkeit ihre Berücksichtigung finden.[105]

3.5.1 Wann ist man zufrieden?

Allgemein kann man „[...] Zufriedenheit als einen positiven seelischen Zustand sowie ein ausgeglichenes, emotionales Empfinden beschreiben."[106]

Zufriedenheit beschreibt ein Gefühl, innerlich ausgeglichen zu sein. Der Prozess des Zufriedenseins findet in einer Person statt, wird jedoch oftmals durch äußere Einflüsse hervorgehoben oder unterdrückt. Das gegenteilige Gefühl von Zufriedenheit ist Unzufriedenheit. In diesem Zusammenhang lohnt sich der Blick sowohl auf die bereits in Kapitel 2.3. betrachtete positive Psychologie, als auch auf den in Kapitel 2.4. beschriebenen Flow-Zustand. Diese beiden Themen haben nochmal eines gemeinsam: Es geht darum, in welcher Beziehung die Zufriedenheit zu der Motivation steht.[107]

An dieser Stelle ist es fundamental aufzuzeigen, was genau Zufriedenheit mit Motivation zu tun hat. Während die Motivation das Erreichen eines positiven Zielzustandes verfolgt, kann genau diese Zielerreichung mit dem Gefühl der Zufriedenheit gleichgesetzt werden. Das heißt, dass sobald ein gesetztes Ziel erreicht wurde, ein Gefühl von Zufriedenheit und Glück entsteht. Dieses Gefühl kann unter Umständen auch in ein Flow-Erleben übergehen.[108]

---

[105] Vgl. Franz, Robert (2011), S. 23-26

[106] Werkmann, Katrin (2014), S. 22

[107] Vgl. Mühlenhof, Mia Christine (2018), S. 10

[108] Vgl. Mühlenhof, Mia Christine (2018), S. 10-13

3.5.2 Zwei-Faktoren-Theorie der Motivation von Herzberg

Eine Theorie, die sich mit der Zufriedenheit in Unternehmen beschäftigt, ist die Zwei-Faktoren-Theorie von Herzberg.[109]

Die Theorie thematisiert ein Motivkonstrukt, dessen Basis in der Bedürfnispyramide nach Maslow liegt. In der Zwei-Faktoren-Theorie wurden Faktoren, die die Leistungen von Mitarbeitern beeinflussen, ausgewählt und genauer betrachtet. Obwohl dieses Modell erstmals nur für die Arbeitszufriedenheit sprach, kann dieses Modell ebenfalls als Einfluss auf die Motivation der entsprechenden Mitarbeiter gewertet werden. Das Modell unterscheidet zwei Faktoren: Die sogenannten Motivatoren und die Hygienefaktoren.[110]

Bei den Motivatoren auf der einen Seite handelt es sich um größtenteils intrinsische Motive innerhalb der Arbeitstätigkeit. Dazu zählen beispielsweise die Aufgabe selbst, die übertragene Verantwortung und die Anerkennung durch das Ausüben einer Aufgabe. Diese intrinsischen Motive erzeugen Zufriedenheit und können somit auch für motiviertes Verhalten der Mitarbeiterschaft verantwortlich sein.[111]

Dem gegenüber stehen die Hygienefaktoren.[112] Bei den Hygienefaktoren handelt es sich um Faktoren, die eher in die Richtung des Arbeitsumfelds gehen. Diese Anreize sind, entgegen den Motivatoren, extrinsischer Art. Beispiele für Hygienefaktoren sind die Beziehung zu Vorgesetzten und Arbeitskollegen, die Vision des Unternehmens, die vorliegenden Arbeitsbedingungen sowie die Möglichkeiten der Weiterbildung, die das Unternehmen für seine Mitarbeiter anbietet.[113] Ebenfalls zu den Hygienefaktoren gehören der Führungsstil des Vorgesetzten, sowie die Arbeitsplatzsicherheit in dem entsprechenden Unternehmen.[114]

Eine Position, die weder den Motivatoren noch den Hygienefaktoren eindeutig zugeordnet werden kann, ist das Entgelt der Tätigkeit. Der Lohn kann zur Arbeits-

---

[109] Vgl. Wolf, Lars (2005), S. 24

[110] Vgl. Kniehl, Axel T. (1998), S. 108-109

[111] Vgl. Kniehl, Axel T. (1998), S. 109

[112] Vgl. Wehrlin, Ulrich (2011), S. 105-107

[113] Vgl. Kniehl, Axel T. (1998), S. 110

[114] Vgl. Knecht, Marita / Pifko, Clarisse (2010), S. 114

zufriedenheit führen, kann aber ebenso die Unzufriedenheit verhindern. Herzberg hat diese Position dennoch den Hygienefaktoren zugeordnet.[115]

Zusammenfassend lässt sich sagen, dass Hygienefaktoren Unzufriedenheit vermeiden, während Motivatoren Zufriedenheit bei den Mitarbeitern erzeugen.[116]

Die Grundlage liegt dabei in der Unterscheidung zwischen den Hygienefaktoren und den Motivatoren. Das Gegenteil von Zufriedenheit ist laut diesem Modell nicht die Unzufriedenheit.[117] Der Grundsatz innerhalb der Zwei-Faktoren-Theorie lautet: „Das Gegenteil von Unzufriedenheit ist Nicht-Unzufriedenheit. Das Gegenteil von Zufriedenheit ist Nicht-Zufriedenheit."[118]

Eine weitere Annahme der Theorie ist, dass die Motivatoren stärker fokussiert werden sollten, als die Hygienefaktoren.[119]

Als Kritik an der Zwei-Faktoren-Theorie wird die fehlende Differenzierung der Altersgruppen benannt. Zu diesem Thema gibt es eine empirische Untersuchung, die den Zusammenhang des Alters zu den Motivatoren und Hygienefaktoren untersucht. Dabei wurde die Hypothese überprüft, ob das Alter der Mitarbeiter mit den Motivatoren und Hygienefaktoren korreliert. Diese Annahme konnte nach der Überprüfung nicht bestätigt werden. Abschließend wurde erkannt, dass die Mitarbeiterschaft nicht aufgrund des Alters unterschiedlich motiviert werden muss.[120]

In diesem Kapitel wurde die Mitarbeiterzufriedenheit thematisiert. Es wurden sowohl die Motivatoren, die zur Zufriedenheit führen, als auch Hygienefaktoren, die Unzufriedenheit vermeiden, herausgearbeitet. An dieser Stelle ist es wichtig, dass die Führungskräfte ihre Mitarbeiter unterstützen und dafür sorgen, dass die Motivation der Mitarbeiter besteht und gesteigert wird. Im nächsten Kapitel wird daher thematisiert, wie sich die Führungskraft verhalten kann, um die Mitarbeiter zielorientiert und langfristig zu motivieren und somit eine Zufriedenheit herzustellen.

---

[115] Vgl. Kniehl, Axel T. (1998), S. 110

[116] Vgl. Von der Linde, Boris / Von der Heyde, Anke (2010), S. 125

[117] Vgl. Von der Linde, Boris / Von der Heyde, Anke (2010), S. 125

[118] Von der Linde, Boris / Von der Heyde, Anke (2010), S. 125

[119] Vgl. Pleier, Nils (2008), S. 78

[120] Vgl. Büttner, Ricardo (2013), S. 367-382

4 Mitarbeitermotivation aus Sicht der Führungskraft

„Führen heißt im Grunde immer motivieren."[121]

Schon im Jahre 1979 wurde die Ansicht vertreten, dass eine fundamentale Aufgabe der Führungskraft in der Motivation ihrer Mitarbeiter liegt. In diesem Kapitel wird es um die Betrachtungsweise der Motivation aus Sicht der Führungskraft gehen.

4.1 Welche Kompetenzen braucht die Führungskraft?

Um die Kompetenzen, die für Führungskräfte wichtig sind, festzulegen, ist erst einmal wichtig herauszustellen, was genau unter Führung verstanden wird.

Eine kurze Definition von Führung ist: „Führung bedeutet nicht fachliche Herrschaft, sondern die Kunst, Beschäftigte dazu zu bringen, für ein vereinbartes gemeinsames Ziel optimal zusammenzuarbeiten."[122]

Die Führungskraft hat eine Reihe von Aufgaben, die innerhalb der Position erfüllt werden müssen. Zu diesen Aufgaben zählen die Teamentwicklung zu fördern, die eigenen Mitarbeiter fachlich zu begleiten und an der Erreichung der Ziele des Unternehmens gezielt unter Einbeziehung der Mitarbeiter zu arbeiten. Weitere wichtige Aufgaben liegen in der Sicherstellung der Weiterentwicklung der Mitarbeiter und in der stetigen Motivation dieser.[123]

Damit die Führungskraft diese Aufgaben erfolgreich ausführen kann, sind einige Kompetenzen hilfreich.

Das Wort *„Kompetenz"* kommt ursprünglich aus dem lateinischen und bedeutet so viel wie *„Zuständigkeit"*. Durch die Motivationspsychologie hat sich die Bedeutung des Begriffs jedoch verändert. Somit ist die Kompetenz die von einer Person individuell vorhandene Handlungsfähigkeit. Dabei geht es besonders um Fähigkeiten, Qualifikationen und Fertigkeiten. Die Kompetenzen, die eine Führungskraft haben sollte, können sich je nach Situation oder Umfeld verändern.[124]

---

[121] Oehme, Wolfgang (1979), S. 23

[122] Jetter, Frank / Skrotzki, Rainer (2008), S. 30

[123] Vgl. Jetter, Frank / Skrotzki, Rainer (2008), S. 29

[124] Vgl. Barth, Mira (2009), S. 43

Einige Kompetenzen sind dennoch unerlässlich. Dabei handelt es sich um die Persönlichkeitsmerkmale der Führungskraft, die intellektuelle Kompetenz, die kommunikative Kompetenz, die soziale Kompetenz und die Führungskompetenz.[125]

Die Persönlichkeitsmerkmale der Führungskraft betreffen die Leistungsbereitschaft, die Belastbarkeit und die Gewissenhaftigkeit der Führungskraft. Dabei ist festzuhalten, dass diese Merkmale besonders Einfluss auf die Zielerreichung, somit auch auf die Motivation und auf die Bereitschaft Leistungen zu erbringen, haben.[126]

Eine weitere wichtige Kompetenz ist die intellektuelle Kompetenz, bei der es um die selbstständige Tätigkeit, die Auffassungsgabe und um die Konzentrationsfähigkeit der Führungskraft geht. Das Selbstmanagement der Führungskraft, also die Fähigkeit seine eigene Tätigkeit durchzuführen und sich selber fortwährend zu motivieren, sind Bestandteile dieser Kompetenz.[127]

Bei der kommunikativen Kompetenz handelt es sich um die Fähigkeit, anderen Menschen Sachverhalte klar und verständlich darzustellen. Diese Fähigkeit sollte im mündlichen, als auch schriftlichen Kontext vorhanden sein.[128]

Das positive Zusammenspiel von eigenen Bedürfnissen und die der Mitarbeiter wird als soziale Kompetenz bezeichnet. Innerhalb der sozialen Kompetenz geht es darum, sowohl ein gutes Einfühlungsvermögen für die Situationen und Sichtweisen seiner Mitarbeiter zu haben, als auch um die Fähigkeit, Konflikte wahrzunehmen und Lösungen für diese zu finden.[129] Die Basis, auf der eine erfolgreiche Führung stattfindet, ist das Vertrauen. Führungskräfte sollten sich stets Mühe geben, ihre Mitarbeiter richtig zu verstehen.[130]

Die fünfte Kompetenz, die fundamental ist, ist die Führungskompetenz. Die Führungskompetenz enthält die Fähigkeit Aufgaben an Mitarbeiter zu delegieren, die Mitarbeiter zu motivieren, seinen Mitarbeitern ein Feedback zu geben, Verantwortungen zu übernehmen und individuelle Ziele mit den Mitarbeitern zu vereinbaren.[131]

---

[125] Vgl. Barth, Mira (2009), S. 43-48
[126] Vgl. Barth, Mira (2009), S. 43
[127] Vgl. Barth, Mira (2009), S. 44-48
[128] Vgl. Barth, Mira (2009), S. 43-48
[129] Vgl. Barth, Mira (2009), S. 46-48
[130] Vgl. Salzwedel, Martin / Tödter, Ulf (2018), S. 11-17
[131] Vgl. Barth, Mira (2009), S. 47-48

Nachdem einige essenzielle Kompetenzen der Führungskraft aufgezeigt wurden, ist ein Blick auf das mögliche Führungsverhalten sinnvoll. Aus diesem Grund wird in dem nächsten Kapitel aufgezeigt, welche Wirkungen die Verhaltensweise einer Führungskraft zeigen kann.

4.2 Full-Range-Leadership-Modell

Ein sehr bekanntes Modell innerhalb von Führungsverhalten ist das Full-Range-Leadership-Modell. Innerhalb dieses Modells werden drei Führungsverhalten unterschieden: Die Laissez-Faire Führung, die transaktionale Führung und die transformationale Führung.[132]

4.2.1 Laissez-Faire Führung

Das erste Führungsverhalten, das hier beschrieben wird, ist die Laissez-Faire Führung.

> „Eine Führungskraft, die laissez-faire führt, räumt ihren Mitarbeitern viele Spiel- bzw. Freiräume ein."[133]

Einige Führungskräfte führen ihre Mitarbeiter in diesem Stil, da sie nicht wissen, welche Ziele sie verfolgen. In diesem Fall wirkt sich dieser Führungsstil negativ auf die Mitarbeiter aus, da die Unsicherheit der Führungskraft auf die Mitarbeiter übertragen wird. Sie wissen nicht, wie sie die gesetzten Ziele verfolgen sollen und es fehlt an Struktur.[134]

Andere Führungskräfte hingegen nutzen diesen Führungsstil bewusst, damit die Mitarbeiter selbstverantwortlich und innovativ arbeiten können. Demnach ist es möglich, dass in einigen Gruppen die Laissez-Faire Führung einen sehr positiven Einfluss auf die Zusammenarbeit bewirkt. Damit eine positive Wirkung erzielt wird, ist es essenziell, dass klare Rahmenbedingungen herrschen.[135]

---

[132] Vgl. Furtner, Marco / Baldegger, Urs (2016), S. 139-140

[133] Frey, Dieter / Schmalzried, Lisa Katharin (2013), S. 39

[134] Vgl. Frey, Dieter / Schmalzried, Lisa Katharin (2013), S. 39

[135] Vgl. Frey, Dieter / Schmalzried, Lisa Katharin (2013), S. 39

4.2.2 Transaktionale Führung

Die Transaktionale Führung bildet innerhalb des Full-Range-Leadership-Modells das zweite mögliche Verhalten einer Führungskraft.

Diese Variante ist dadurch gezeichnet, dass zwischen der Führungskraft und dem Geführten gemeinsame Zielvereinbarungen getroffen werden. Dabei wird bei einer Zielerreichung eine Belohnung vereinbart (z.B. eine Bonuszahlung oder eine Gehaltserhöhung). Diese Belohnung soll die Leistungsbereitschaft und den Einsatz des Mitarbeiters erhöhen. Sollte das Ziel jedoch nicht erreicht werden, bleibt die Belohnung aus und es erfolgt dadurch indirekt eine Bestrafung.[136]

Es gibt drei Grundsätze, die innerhalb des Führungsverhaltens verankert sind: Die kontingente Belohnung und das aktive, sowie passive „Management-by-Exception".[137]

Innerhalb der kontingenten Belohnung werden die Leistungen der Mitarbeiter anhand der Zielvereinbarungen beobachtet, um dann den Mitarbeiter entsprechend zu belohnen oder nicht zu belohnen. Daher muss von der Führungskraft besonders genau auf die Leistung des Mitarbeiters geachtet werden.[138] Um die Leistungen bewerten zu können, werden vorab zwischen der Führungskraft und dem Geführten Zielvereinbarungen geschlossen.[139]

Die Ziele sollten dabei der sogenannten SMART-Formel entsprechen:[140]

- <u>S</u> = Spezifisch: Ziele müssen präzise definiert werden. Für beide Parteien muss klar sein, um welches Ziel es sich handelt.

- <u>M</u> = Messbar: Es darf sich nicht um abstrakte Ziele handeln, die nicht überprüft werden können. Im Idealfall sollte es sich um Ziele handeln, die anhand von Zahlen gemessen werden können.

- <u>A</u> = Anspruchsvoll: Die Ziele sollen herausfordernd wirken, um die Leistungsbereitschaft zu erhöhen.

---

136 Vgl. Furtner, Marco / Baldegger, Urs (2016), S. 165

137 Vgl. Hammann, Eva-Maria (2008), S. 112

138 Vgl. Drack, Silja (2010), S. 27

139 Vgl. Feßler, Roman / Guldenschuh-Feßler, Beate (2013), S. 16

140 Vgl. Furtner, Marco / Baldegger, Urs (2016), S. 166-167

- **R** = Realistisch: Damit Mitarbeiter motiviert sind, müssen Ziele auch erreichbar sein. Unerreichbare Ziele wirken der Mitarbeitermotivation entgegen.

- **T** = Terminiert: Der Prozess der Zielerreichung hat ein festgelegtes Beginn- und Enddatum.

Bei der kontingenten Belohnung ist zudem zu berücksichtigen, dass die intrinsische Motivation darunter leiden könnte. Zusätzlich müssen sich die Belohnungen steigern, damit eine Wirksamkeit erzielt wird. Weiterhin ist wichtig, dass die Belohnung nicht als ungerecht gewertet wird. Es ist davon auszugehen, dass sich verschiedene Mitarbeiter vergleichen und anhand dessen selber bewerten, ob es sich um eine gerechte vereinbarte Belohnung handelt. Ist dem nicht so, sinken die Mitarbeiterzufriedenheit und die Arbeitsmotivation.[141]

Das Management-by-Exception ist ebenfalls in der transaktionalen Führung verankert. Grundsätzlich geht es dabei darum, dass die Führungskraft nur in bestimmten Fällen eingreift und zwar dann, wenn es Abweichungen auf der Zielgeraden gibt. In diesem Führungsverhalten gibt es zwei Ausprägungen: Das aktive und das passive Management-by-Exception.[142]

Das aktive Management-by-Exception umfasst das gezielte Suchen und Korrigieren von Zielabweichungen und Fehlern.[143] Innerhalb der aktiven Ausprägung greift die Führungskraft bereits in das Arbeitsgeschehen ein, bevor Fehler aufgetreten sind, um korrigierend zu wirken.[144]

Die Führungskraft greift hingegen innerhalb der passiven Ausprägung nur ein, wenn gravierende Zielabweichungen und Fehler auftreten. Ansonsten zieht sich die Führungskraft aus dem Arbeitsprozess raus.[145] Den Geführten wird weiterhin vermittelt, dass sie für Fehler die Verantwortung selber tragen müssen und diese auch selber beseitigen müssen. Die Führungskraft greift nur dann ein, wenn die

---

[141] Vgl. Furtner, Marco / Baldegger, Urs (2016), S. 166-167
[142] Vgl. Özbeck-Potthoff, Gülden (2014), S. 12
[143] Vgl. Drack, Silja (2010), S. 27
[144] Vgl. Furtner, Marco / Baldegger, Urs (2016), S. 168-169
[145] Vgl. Drack, Silja (2010), S. 27

Ziele nach großer Wahrscheinlichkeit ohne das Eingreifen der Führungskraft nicht erreicht werden würden.[146]

4.2.3 Transformationale Führung

Das dritte Führungsverhalten, das innerhalb des Full-Range-Leadership-Modells betrachtet wird, ist die transformationale Führung.

In der transformationalen Führung sind vier Merkmale als Grundlage zu verstehen. Diese vier Merkmale sind die inspirierende Motivation, der idealisierte Einfluss, die intellektuelle Stimulierung und die individuelle Berücksichtigung.[147]

Die beiden stärksten Elemente sind die inspirierende Motivation und der idealisierte Einfluss. Diese beiden Dimensionen sind besonders für die charismatische Wirkung der Führungskraft verantwortlich.[148]

Bei dem idealisierten Einfluss ist es wichtig, sich als Führungskraft über die eigenen Werte bewusst zu werden. Sobald die Führungskraft diese benennen kann, können diese auch nach außen gegeben werden. Es gibt verschiedene Ideale, die eine große Wirkung erzielen, beispielsweise Freiheit, Gerechtigkeit und Fleiß. Wenn die Führungskraft es dann schafft, durch die ausgesprochenen Werte und Ideale die Ideale der Mitarbeiter anzusprechen, so wirkt sie als Vorbild und Idol. Sie wird als charismatisch wahrgenommen, unter der Voraussetzung, dass die Kommunikation der Werte bei der Führungskraft als authentisch wahrgenommen wird. Die Mitarbeiter können sich mit der Führungskraft identifizieren und folgen ihr.[149]

Die inspirierende Motivation umfasst die Vision des Führenden. Auf Grundlage der geformten Ideale und Werte wird somit eine Vision, also ein Ziel, formuliert. Dieses Ziel kann durchaus schwer zu realisieren sein. Ein wichtiges Mittel, zu dem die Führungskraft in diesen Fällen greift, ist die Verwendung der „Wir-Sprache". Es wird von der Führungskraft aufgezeigt und verdeutlicht, dass das anspruchsvolle, nahezu unerreichbare Ziel, nur durch die Zusammenarbeit aller Personen erreicht werden kann. Zusätzlich wird eine einfache und verbildlichende Sprache genutzt. Die Geführten haben das Gefühl, gemeinsam alles erreichen zu können. Aus diesem

---

[146] Vgl. Furtner, Marco / Baldegger, Urs (2016), S. 168-169

[147] Vgl. Hammann, Eva-Maria (2008), S. 113

[148] Vgl. Furtner, Marco (2016), S. 18

[149] Vgl. Furtner, Marco (2016), S. 19-21

Gefühl entsteht folglich eine solch hohe Motivation, dass die Geführten bereit sind, über das erforderliche Maß hinaus Leistungen zu erbringen und stetig über sich hinauszuwachsen. Emotionale Reden führen zu erneuter Motivation. Ebenfalls arbeitet der Führende sowohl mit Hoffnung, als auch mit der Furcht der Mitarbeiter. Letztendlich ist die Botschaft, die der Führende übermittelt, dass alles möglich werden kann, solange die Geführten ihm folgen.[150]

Das dritte Merkmal der transformationalen Führung ist die intellektuelle Stimulierung. Die intellektuelle Stimulierung dient der Ansprache der Kreativität, des Intellekts und der Vernunft der Geführten. Von der Führungskraft wird bewusst provokant auf Fehler der Mitarbeiterschaft eingegangen, sodass die Mitarbeiter anschließend bewusst anders an Fehler herangehen. Durch dieses Vorgehen können neue Lösungsansätze entwickelt werden.[151]

Die individuelle Berücksichtigung ist das vierte und somit letzte Merkmal der transformationalen Führung. [152] Innerhalb der individuellen Berücksichtigung ist es wichtig, dass die Führungskraft über Empathie und Achtsamkeit verfügt. Bei der individuellen Berücksichtigung geht der Führende speziell auf den Geführten ein. Dies kann als Coach, Zuhörer oder Lehrer erfolgen. Durch den Prozess lernt der Führende den Geführten besser kennen und es wird eine vertrauensvolle Ebene geschaffen. Dieser Prozess ist wichtig, um auf den anderen Merkmalen der transformationalen Führung eine Veränderung des Mitarbeiters herbeizuführen. Eine individuelle Motivation der Geführten ist hierüber möglich.[153]

---

[150] Vgl. Furtner, Marco (2016), S. 21-22
[151] Vgl. Furtner, Marco (2016), S. 22-23
[152] Vgl. Furtner, Marco (2016), S. 23
[153] Vgl. Furtner, Marco (2016), S. 23

4.2.4 Vergleich der verschiedenen Führungsverhalten

Als Einstieg in den Vergleich der verschiedenen Verhaltensweisen der Führungskraft dient die folgende Kurzübersicht:

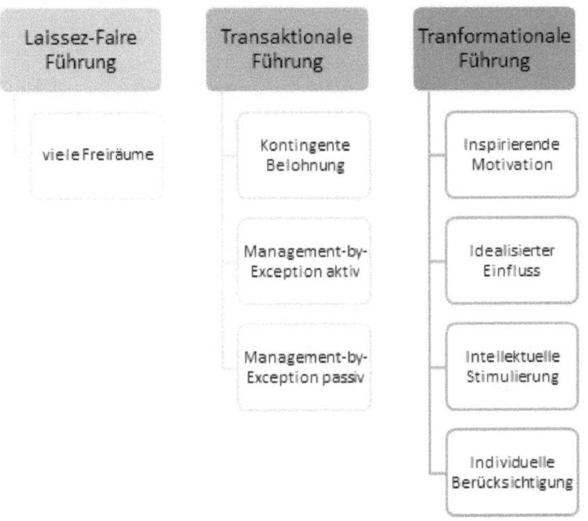

Abbildung 5: Eigene Darstellung: Verschiedene Führungsverhalten[154]

Von einer dauerhaften Laissez-Faire Führung, auch Nicht-Führung genannt, wird abgeraten. Dadurch, dass die Mitarbeiter sich allein gelassen fühlen, ist langfristig aufgrund der fehlenden Rückmeldungen der Führungskraft mit Motivationsverlusten zu rechnen.[155]

Innerhalb der transformationalen Führung wird besonders die intrinsische Motivation der Mitarbeiter gestärkt.[156]

Hingegen wird in der transaktionalen Führung das Hauptaugenmerk auf die extrinsische Motivation, beispielsweise durch Belohnungen für die Erreichung eines Ziels, gesetzt. Dadurch kann die intrinsische Motivation jedoch langfristig geschädigt werden.[157]

---

154 Hammann, Eva-Maria (2008), S. 112

155 Vgl. Kowalzik, Uwe (2005), S. 131

156 Vgl. Furtner, Marco (2016), S. 26

157 Vgl. Furtner, Marco / Baldegger, Urs (2016), S. 141-170

Ein optimales Verhalten der Führungskraft liegt dabei nicht in der transaktionalen oder in der transformationalen Führung, sondern in der Kombination dieser. Dabei soll die Führungskraft gezielt, je nach Situation, zwischen den verschiedenen Führungsverhalten wechseln.[158]

4.3 Die Führungskraft als Coach

> „Wesentlicher Bestandteil von Führungskompetenz ist die Fähigkeit, qualifiziertes Feedback zu geben."[159]

Eine Möglichkeit der Führungskraft, um konstant qualifiziertes Feedback zu geben, ist das Coaching der eigenen Mitarbeiter.[160]

4.3.1 Was ist Coaching?

Eine kurze Definition lautet: „Coaching bedeutet entwickeln, begleiten, beraten und schwierige Situationen lösen."[161]

Bei einem Coaching handelt es sich um eine individuelle Beratung und Wegbegleitung.[162] Diese findet zwischen einem Coach und einem Coachee statt. Der Coach ist der Berater innerhalb des Prozesses. Bei dem Coachee handelt es sich um die zu beratende Person.[163]

Innerhalb des Coachings hilft der Coach seinem Klienten, eigene Lösungen innerhalb des Prozesses zu entwickeln. Die Selbstwahrnehmung und Selbstreflektion des Coachees wird dabei gezielt gestärkt. Das Coaching wird auch als Hilfe zur Selbsthilfe betrachtet. Innerhalb des Coachings werden Probleme lösungsorientiert behandelt. Grundsätzlich ist ein Coaching-Prozess zeitlich begrenzt.[164]

Die Basis für den Coaching-Prozess liegt in einem gegenseitigen Vertrauen, der Freiwilligkeit, der Akzeptanz und Diskretion.[165]

---

158 Vgl. Seidel, Sascha (2015), S. 22

159 Pohl, Michael / Wunder, Michael (2001), S. 11

160 Vgl. Neges, Gertrud / Neges, Richard (2008), S. 14

161 Neges, Gertrud / Neges, Richard (2008), S. 16

162 Vgl. Hamann, Angelika / Huber, Johann (1991), S. 3-6

163 Vgl. Rauen, Christopher (2005), S. 112-113

164 Vgl. Greif, Siegfried (2005), S. 11-15

165 Vgl. Rauen, Christopher (2005), S. 120-127

Das Ziel des Coachings ist, dass der Coachee bereits lernt, während er seine Tätigkeit ausübt. Das Coaching ist als Dialog zwischen dem Coach und dem Coachee zu sehen.[166]

Es gibt mehrere Arten des Coachings und somit auch verschiedene Klientelgruppen. So gibt es beispielsweise auch Coachings für Führungskräfte.[167] In dieser Arbeit wird nicht weiter auf die anderen Arten des Coachings eingegangen. Relevant für diese Arbeit ist das Coaching der Mitarbeiter durch die eigene Führungskraft.

4.3.2 Kompetenzen des Coaches

Der Coach sollte einige Kompetenzen im Rahmen eines Coachings besitzen. Diese liegen vor allem in der Geduld und in einer objektiven Betrachtungsweise auf Geschehnisse. Der Coach sollte unterstützend wirken, eine Selbstreflektion besitzen und ein Interesse an den Themen, sowie an dem Coachee persönlich haben. Eine weitere wichtige Kompetenz liegt sowohl in der Aufmerksamkeit, als auch in der zurückhaltenden Art. Die persönliche Lebenserfahrung spielt gleichermaßen eine große Rolle.[168]

Neben diesen allgemeinen Kompetenzen, die der Coach beherzigen sollte, gibt es noch die folgenden drei Eigenschaften, die besonders in einem Coaching der Mitarbeiter durch die Führungskraft berücksichtigt werden sollten.

4.3.2.1 Authentizität des Coaches

Die erste sehr wichtige Eigenschaft, die die Führungskraft besitzen sollte, ist ein authentisches Auftreten und Verhalten. Ein großer Bestandteil der Authentizität liegt darin, an seinen eigenen Werten festzuhalten. Diese Werte sollten sich entsprechend in den Handlungen der Führungskraft widerspiegeln. Zusätzlich dazu müssen noch die Erwartungen von anderen Personen, wie etwa Mitarbeitern und auch die der Vorgesetzten der Führungskräfte, erfüllt werden. Dort wird man ebenfalls als authentisch wahrgenommen, wenn die fundamentalen Werte weiterhin aufrechterhalten werden, auch wenn nicht jeder Gedanken ehrlich offenbart wird.[169]

---

[166] Vgl. Fritzsche, Thomas (2017), S. 131

[167] Vgl. Mäthner, Eveline / Jansen, Anne / Bachmann, Thomas (2005), S. 55-62

[168] Vgl. Niermeyer, Rainer (2007), S. 27-28

[169] Vgl. Von Schumann, Karin / Böttcher, Tamaris (2016), S. 19

Gleichermaßen gehört es zu einem authentischen Auftreten, seine eigenen Stärken und Schwächen als Führungskraft zu kennen und regelmäßig Feedback von anderen Personen diesbezüglich einzufordern. Der Sinn liegt hier in der Erweiterung des Selbstbildes durch die Wahrnehmung Anderer und somit in der Verringerung des sog. „Blinden Flecks", der im Kapitel 4.3.3.3. noch genauer thematisiert wird.[170]

Authentische Führungskräfte schaffen somit eine transparente Bindung zu den Mitarbeitern. Die Vertrauensbasis kann somit gestärkt werden, da die Führungskraft durch die Vermittlung von eigenen Gefühlen und Gedanken einen sehr glaubwürdigen Eindruck hinterlässt. Für ein Coaching zwischen der Führungskraft und ihren Mitarbeitern ist eine vertrauensvolle Beziehungsebene eine gute Voraussetzung für ein erfolgreiches Coaching. Weitere wichtige Eigenschaften, die durch eine gute Beziehung gestärkt werden, sind die Sympathie, die gegenseitige Wertschätzung und die Offenheit untereinander.[171]

4.3.2.2 Klarheit und Flexibilität der Rolle

Die Klarheit der Rolle ist die zweite wichtige Eigenschaft, über die die Führungskraft verfügen sollte.[172] Ebenfalls darin enthalten ist die Möglichkeit, flexibel zwischen den Rollen zu wechseln. Diese Übergänge sollten dem Mitarbeiter verdeutlicht werden, damit es nicht zu Missverständnissen bezüglich der Rolle der Führungskraft kommt. In manchen Fällen eignen sich für einen klaren Rollenübergang abgesprochene Rituale.[173]

Zur Verdeutlichung: Während als Führungskraft besonders schnell und konkret selber gehandelt werden muss, ist die Aufgabe des Coaches eine Andere. Der Coach soll unterstützend wirken, sodass der Mitarbeiter (Coachee) seine Lösungen selber entwickelt. Speziell hier kommt es sehr schnell zu vollkommen unterschiedlichen Grundlagen, die es auf jeden Fall zu beachten gilt. [174]

Im Folgenden wird eine Abbildung dargestellt, die die Unterschiedlichkeit der Aufgaben und Sichtweisen zwischen der Führungskraft als Vorgesetzten oder als Coach aufzeigen:

---

[170] Vgl. Von Schumann, Karin / Böttcher, Tamaris (2016), S. 19

[171] Vgl. Von Schumann, Karin / Böttcher, Tamaris (2016), S. 19-20

[172] Vgl. Kühl, Wolfgang / Lampert, Andreas / Schäfer, Erich (2018), S. 161

[173] Vgl. Von Schumann, Karin / Böttcher, Tamaris (2017), S. 39

[174] Vgl. Von Schumann, Karin / Böttcher, Tamaris (2016), S. 17-18

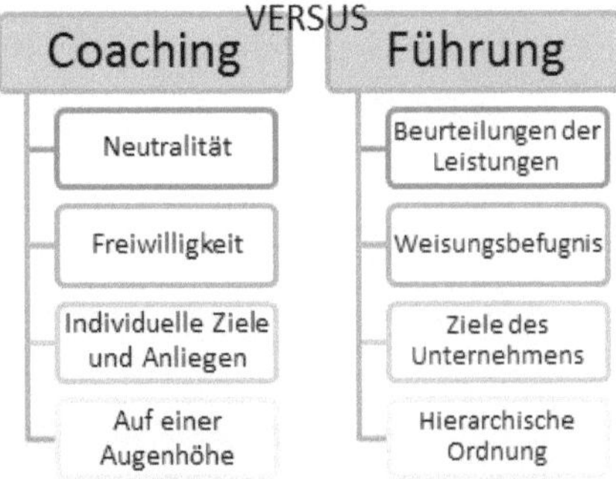

Abbildung 6: In Anlehnung an Von Schumann und Böttcher: Führung versus Coaching[175]

Während in einem Coaching Neutralität herrscht, wird innerhalb der Führungsaufgabe die Leistung des Mitarbeiters bewertet. Ein weiterer Unterschied ist, dass innerhalb des Coachings eine Freiwilligkeit herrscht, wohingegen innerhalb der Führungsposition eine Weisungsbefugnis vorliegt. Weitere Unterschiede bestehen darin, dass in einem Coaching individuelle Ziele und Anliegen besprochen werden und das stets auf Augenhöhe. In der Rolle der Führungskraft jedoch stehen die Ziele des Unternehmens im Mittelpunkt und es existiert eine Hierarchie. Die Gefahr in diesen Unterschieden besteht darin, die Eigenschaften in die falschen Rollen mit einzubauen. Im Folgenden werden zwei dieser Risiken betrachtet.[176]

Die erste Gefahr ist die der Rollenambiguität. Eine Rollenambiguität kann dadurch entstehen, dass der Führungskraft zu wenig oder ungenaue Informationen über die Anforderungswünsche der Mitarbeiter als Coach vorliegen, sodass die Führungskraft sich nicht wunschgemäß darauf einstellen kann. Ein Mittel, um dieser Gefahr entgegen zu wirken, ist eine offene Kommunikation und das Einfordern eines Feedbacks durch die Mitarbeiter.[177]

Bei der zweiten Gefahr handelt es sich um Rollenkonflikte. Rollenkonflikte sind Hürden, die entstehen, wenn Anforderungen aus der hierarchischen Rolle der Führungskraft und der des Coaches absolut nicht vereinbar sind. Eine Möglichkeit ist, dass es sich um zwei unterschiedliche Wünsche zweier Personen zu einem Thema

---

[175] Vgl. Von Schumann, Karin / Böttcher, Tamaris (2016), S. 18

[176] Vgl. Von Schumann, Karin / Böttcher, Tamaris (2016), S. 18

[177] Vgl. Von Schumann, Karin / Böttcher, Tamaris (2016), S. 18

handelt, die nicht kombinierbar sind. Beispielsweise wünscht der Abteilungsleiter die Versetzung einer Mitarbeiterin, während die Mitarbeiterin innerhalb eines Coaching-Gespräches äußert, dass sie sehr gerne in der Abteilung arbeitet und diese nicht verlassen möchte.[178]

4.3.2.3 Achtsamkeit

Bei der dritten Eigenschaft, die ein Coach haben sollte, handelt es sich um die Achtsamkeit. [179]

Innerhalb des Coachings ist es wichtig, dass der Coach achtsam und aufmerksam vorgeht. Dabei sollte der Coach nicht reflexartig reagieren, sondern erst einmal innehalten und beobachten, wie sich der Prozess weiterentwickelt. Durch diese Distanz ist es möglich, sich von seinen eigenen Gefühlen, Bedürfnissen und Interessen als Coach frei zu machen und diese nicht auf den Coaching-Prozess einwirken zu lassen. Der Coach sollte achtsam und konzentriert sein, um so zu reagieren, als würde er sich das erste Mal in dieser Situation befinden. Demnach sollte er vollkommen unvoreingenommen vorgehen.[180]

Zusammenfassend lassen sich folgende Hinweise für eine achtsame Gesprächsführung innerhalb des Coachings zwischen der Führungskraft und dem Mitarbeiter festhalten:

- Es ist wichtig, bewusst auf die Haltung, Mimik und Gefühle der Mitarbeiter zu achten. Dabei sollte nicht bewertet, sondern nur beobachtet werden.

- Das aufmerksame Zuhören ist essenziell. Es ist darauf zu achten, was der Mitarbeiter sagt und wie er es sagt. Bei Unklarheiten sollten offene Fragen gestellt werden. Wichtig ist hier, eine unvoreingenommene Stellung einzunehmen.

- Die eigenen Gedanken und Gefühle sollten bewusst wahrgenommen werden und nicht zu voreiligen Reaktionen führen.[181]

---

[178] Vgl. Von Schumann, Karin / Böttcher, Tamaris (2016), S. 18-19

[179] Vgl. Von Schumann, Karin / Böttcher, Tamaris (2016), S. 20-21

[180] Vgl. Von Schumann, Karin / Böttcher, Tamaris (2016), S. 20-21

[181] Vgl. Von Schumann, Karin / Böttcher, Tamaris (2016), S. 22

4.3.3 Instrumente des Coachings

Für ein erfolgreiches Coaching ist es wichtig, neben dem Besitz spezieller Kompetenzen auch spezielle Instrumente zu kennen und sicher anzuwenden. In den folgenden Abschnitten werden drei wichtige Instrumente genauer beschrieben.

4.3.3.1 Aktives Zuhören

Eines der zentralen Coaching-Instrumente ist das aktive Zuhören durch den Coach.[182]

Dabei gibt es verschiedene Intensitäten, die hier kurz genannt werden. Die erste Stufe betrifft nonverbale Signale, wie beispielsweise Nicken und dem Mitarbeiter zugewandt zu sitzen. Das Paraphrasieren, also das Zusammenfassen des Gehörten, betrifft die zweite Stufe des aktiven Zuhörens. Vor allem um abzuklären, ob das Gehörte richtig verstanden wurde, ist das Paraphrasieren eine mögliche Methode.[183] Die ersten beiden Stufen des aktiven Zuhörens bekunden Interesse und Verständnis des Coaches.[184]

Innerhalb der dritten und somit auch höchsten Stufe steht das Verbalisieren der Aussagen des Mitarbeiters durch den Coach, also das herausfiltern der Gefühle des Mitarbeiters, obwohl dieser seine Gefühle nicht ausspricht. Durch das Verbalisieren wird die Selbstreflexion und Selbstwahrnehmung des Coachees angeregt.[185]

Zur Veranschaulichung der Stufen des aktiven Zuhörens dient die folgende Abbildung:

Abbildung 7: In Anlehnung an Von Schumann und Böttcher: Die drei Stufen des aktiven Zuhörens[186]

---

182 Vgl. Von Schumann, Karin / Böttcher, Tamaris (2016), S. 23
183 Vgl. Von Schumann, Karin / Böttcher, Tamaris (2016), S. 23
184 Vgl. Von Schumann, Karin / Böttcher, Tamaris (2016), S. 23
185 Vgl. Von Schumann, Karin / Böttcher, Tamaris (2016), S. 23
186 Vgl. Von Schumann, Karin / Böttcher, Tamaris (2016), S. 24

Damit das aktive Zuhören seine Wirkung zeigt, sind drei Grundeinstellungen des Coaches von zentraler Bedeutung:

1. Eine empathische und offene Grundeinstellung,

2. ein stimmiges Auftreten und Verhalten des Coaches und

3. eine positive Auffassung und Toleranz der anderen Person.[187]

4.3.3.2 Lösungsorientierte Beratung und zielorientierte Fragen

Das zweite Instrument des Coachings, das hier seine Berücksichtigung findet, ist das der lösungsorientierten Beratung durch zielorientierte Fragen. Besonders durch offene Fragen kann der Coach den Coachee dazu bringen, kreativ neue Lösungsansätze zu entwickeln. Zusätzlich wird durch die offenen Fragen die Beziehung gestärkt, denn der Coachee kann selber entscheiden, wie ausführlich er auf die Fragen antwortet und wie viel er von sich preisgeben möchte. Eine bewährte Methode sind die sogenannten W-Fragen, also beispielweise „Was interessiert dich besonders an dem Sachverhalt?". Fragen, die mit „Wieso" oder „Warum" beginnen, sollten jedoch vermieden werden, da der Coachee durch solche Fragen sehr schnell in die Situation der Rechtfertigung gelangt und diese Fragen sehr oft als Vorwurf verstanden werden.[188]

In vielen Fällen bezieht sich der Coachee gezielt auf die Probleme und nimmt eigene Fähigkeiten nicht mehr wahr. Hierbei ist es sinnvoll als Coach lösungs- und ressourcenorientiert die Sicht des Coachees zu erweitern oder umzustimmen, sodass dieser seine Fähigkeiten wieder erkennt und diese weiter ausbauen kann.[189]

4.3.3.3 Feedback an den Mitarbeiter

Das Coaching ist eine gute Möglichkeit, dem Mitarbeiter ein Feedback zu geben. Das Feedback an den Mitarbeiter ist somit das dritte wichtige Instrument, das der Coach berücksichtigen sollte.[190]

Das Feedback ist dazu da, um bestimmte Verhaltensweisen zu korrigieren. Innerhalb eines Feedbackgesprächs werden Auffälligkeiten und Beobachtungen beschrieben und keinesfalls bewertet. Zusätzlich wird aufgezeigt, wie das

---

[187] Vgl. Von Schumann, Karin / Böttcher, Tamaris (2016), S. 23

[188] Vgl. Von Schumann, Karin / Böttcher, Tamaris (2016), S. 24

[189] Vgl. Von Schumann, Karin / Böttcher, Tamaris (2016), S. 25

[190] Vgl. Von Schumann, Karin / Böttcher, Tamaris (2016), S. 26

beschriebene Verhalten des Mitarbeiters auf einen persönlich wirkt. Feedbackgespräche dienen dazu, den sogenannten „Blinden Fleck" zu verkleinern. Der Blinde Fleck sind die Verhaltensweisen, die eine Person selber nicht wahrnimmt, von ihrem Umfeld jedoch wahrgenommen werden können. Zur genauen Veranschaulichung des „Blinden Flecks" ist in der Abbildung das sogenannte Johari-Fenster von Jo Ingram und Harry Luft. Das Johari-Fenster stellt die Eigen- und Fremdwahrnehmung im Feedbackgespräch bildlich dar:[191]

Anderen

Einem Selbst	bekannt	unbekannt
bekannt	1. Offenes Selbst Bereich der freien Aktivität	2. „Schein"- Bereich Bereich des Vermeidens und Verbergens
unbekannt	3. Blinder Fleck Verhaltensweisen, Einstellungen, Gefühle und Motive - die ich nicht wahrnehme, die aber andere erkennen	4. Absolut Unbekanntes Prozesse, in die ich selbst, aber auch andere keinen Einblick haben.

Abbildung 8: Das Johari-Fenster[192]

Es gibt somit Verhaltensweisen, die einem selbst und den Mitmenschen bekannt sind, das ist das sogenannte „Offene Selbst". Es gibt Angelegenheiten, die einem selbst durchaus bekannt sind, für die Mitmenschen jedoch verborgen bleiben. Dieser Bereich ist der „Schein-Bereich". Der „Blinde Fleck" beinhaltet die Aspekte, die andere Menschen sehen, jemand selbst jedoch nicht. Genau auf diesen Bereich zielt das Feedback ab, um die Selbstwahrnehmung zu stärken und diesen „Blinden Fleck" zu verringern. Zusätzlich gibt es noch einen vierten Bereich, das sogenannte „Absolut Unbekanntes". Darin enthalten sind die Aspekte, die weder jemand selbst, noch die Mitmenschen erfassen können.[193]

Doch innerhalb eines Feedbackgesprächs gilt es nicht nur veränderbare Verhaltensweisen aufzudecken, sondern auch festzuhalten, welche Stärken die Person bereits hat. Diese positive Rückmeldung stärkt das gewünscht positive Verhalten und

---

[191] Vgl. Von Schumann, Karin / Böttcher, Tamaris (2016), S. 26
[192] Von Schumann, Karin / Böttcher, Tamaris (2016), S. 27
[193] Vgl. Von Schumann, Karin / Böttcher, Tamaris (2016), S. 26

motiviert zusätzlich. Dem Coachee wird dadurch deutlich aufgezeigt, in welchen Handlungsfeldern er sich schon weiterentwickelt hat.[194]

4.3.4 Vor- und Nachteile des Coachings durch die Führungskraft

Das Coaching durch die Führungskraft bietet einige Vorteile. Ein großer Vorteil ist, dass der Vorgesetzte die Organisation bereits kennt und somit auch mit der Unternehmensstruktur und den Gepflogenheiten bekannt ist. Die Führungskraft kennt die Stärken, sowie die Schwächen seiner Mitarbeiter und hat Kenntnis von eventuellen Herausforderungen oder belastende Umstände innerhalb des Unternehmens. Zusätzlich kennt die Führungskraft oftmals die geplanten Maßnahmen und kann dieses Wissen in den Coaching-Prozess positiv mit einfließen lassen. Dabei können vereinbarte Ziele laufend beobachtet und bewertet werden. Sollte es zu Abweichungen innerhalb der Zielvereinbarung kommen, kann die Führungskraft frühzeitig eingreifen und die Zielerreichung positiv beeinflussen. Ein weiterer großer Vorteil eines Coachings durch die Führungskraft ist, dass die Vertrauensbasis langfristig gestärkt werden kann und das Unternehmen davon zusätzlich profitieren kann.[195]

Neben den vielen positiven Aspekten gibt es auch Nachteile, die ihre Berücksichtigung finden müssen. Dadurch, dass innerhalb eines Unternehmens die Zeit eine knappe Ressource ist, wird oftmals nur wenig Zeit für die wichtigen Coaching-Gespräche aufgebracht. In einigen Fällen ist die Vertrauensbasis zur Führungskraft nicht stark genug, um persönliche Sorgen und Probleme anzusprechen. Eine Abgrenzung der Rollen (ist der Vorgesetzte gerade als Coach, oder als Führungskraft unterwegs?) erfolgt oftmals nicht klar verständlich, daher sind Mitarbeiter verunsichert und haben Angst vor eventuellen Konsequenzen auf die berufliche Laufbahn, die sich durch den Coaching-Prozess für sie ergeben könnten.[196]

Um diese eventuellen Nachteile einzugrenzen, ist es innerhalb des Coachings durch die Führungskraft sehr wichtig, dass die Führungskraft ihre Rolle klar abgrenzt: Ist die Führungskraft in dem Moment als Coach, oder als Chef unterwegs? Es muss klar sein, dass dem Mitarbeiter keine Nachteile durch das Coaching entstehen. Die Führungskraft sollte vor Beginn des Coachings mit dem Mitarbeiter den gewünschten

---

194 Vgl. Von Schumann, Karin / Böttcher, Tamaris (2016), S. 26
195 Vgl. Neges, Gertrud / Neges, Richard (2008), S. 14
196 Vgl. Neges, Gertrud / Neges, Richard (2008), S. 14-15

Umgang mit sensiblen Informationen besprechen, damit im Laufe des Prozesses keine Frustration entsteht.[197]

Michael Groß stellt die folgende Annahme betreffend der Mitarbeitermotivation: „Eltern können nicht ihre Kinder, Manager nicht Mitarbeiter motivieren, wie man landläufig glaubt. Sie alle können aber jene Bedingungen schaffen, damit sich die Motivation anderer entfaltet."[198]

Aus diesem Grund wird im nächsten Kapitel speziell auf die andere Sichtweise, die der Selbstmotivation der Mitarbeiter, eingegangen.

---

[197] Vgl. Neges, Gertrud / Neges, Richard (2008), S. 14-15
[198] Groß, Michael (2013), S. 32

5 Selbstmotivation der Mitarbeiter

„Motivation beginnt im Kopf, wer sie woanders sucht, wird sie nicht finden."[199]

5.1 Selbstmanagement

„Der Begriff „Selbstmanagement" bezeichnet die Gesamtheit aller Tätigkeiten einer Person oder einer Organisation, um die eigene Entwicklung soweit wie möglich selbstständig zu gestalten. Dazu benötigen wir Fähigkeiten, wie z. B. Selbstmotivation, zielorientiertes Handeln, Organisationfähigkeit und Erfolgskontrolle durch Feedback."[200] Dieser Teil der Arbeit betrifft speziell die Selbstmotivation.

Zur Selbstmotivation gibt es kein Patentrezept. Daher ist es wichtig, seine eigenen Motivatoren und Erwartungen zu kennen. Während manche Menschen durch eine Gegebenheit motiviert werden, entsteht bei anderen Menschen dadurch eine Demotivation.[201] Im Folgenden wird es daher um Anregungen gehen, die zur Steigerung der eigenen Motivation beitragen können.

5.1.1 Eigene Motive kennen und Ziele setzen

Um seine eigene Motivation gezielt zu beeinflussen, ist es zuerst wichtig, sich über seine eigenen Motive Gedanken zu machen.[202]

Es ist festzuhalten, dass Menschen unterschiedliche Ausprägungen in drei Grundmotivationen haben. Die drei Grundmotivationen, die betroffen sind, sind das Leistungsmotiv, das Anschlussmotiv und das Machmotiv. Diese Ausprägungen sind ein Teil des Individuums und unbewusst.[203]

Grundsätzlich gilt: Die eigenen Motive können nicht leicht geändert werden.[204]

Zur Selbstmotivation ist es wichtig, seine eigenen Motive zu betrachten. Eine Methode dazu ist, einen Tag lang genau darauf zu achten, was die eigenen Fantasien sind. Diese Fantasien können dann auf das eigene Leben und auf die eigene Karriere bezogen werden. Wenn die eigenen Motive klar sind, können bewusst die

---

[199] Meier, Rolf (2007), S. 7

[200] Becker, Joachim H. (2018), S. 113

[201] Vgl. Kiwus, Dieter (2016), S. 133

[202] Vgl. Groß, Michael (2013), S. 16

[203] Vgl. Groß, Michael (2013), S. 16-17

[204] Vgl. Groß, Michael (2013), S. 18

erwünschten Motive gestärkt werden und eine Schwächung von nicht zielführenden oder unerwünschten Motiven stattfinden.[205]

Nachdem die eigenen Motive bekannt sind und klar ist, was einen in welcher Art und Weise bewegt, müssen die Motive gelenkt werden.[206]

„Wer nicht weiß, wohin er will, muss sich nicht wundern, wenn er ganz woanders ankommt."[207]

Um sich selber zu motivieren, ist es daher erforderlich, sich selber realistische Ziele zu setzen und schrittweise an der Erreichung dieser zu arbeiten. [208]

Sinnvoll ist es dabei, nicht nur auf langfristige Ziele zu setzen, sondern diese in Teilziele zu unterteilen.[209] Auch für selbst gesetzte Ziele, gilt wie bei den Zielvereinbarungen mit einer Führungskraft, dass die Ziele SMART formuliert sein sollten.[210]

Das Erreichen gesetzter Ziele erzeugt Motivation.[211]

5.1.2 Stärken fördern und Schwächen verringern

Um wirkungsvoll seine Ziele zu erreichen, ist der erste Schritt, herauszufinden, wo die eigenen Stärken liegen. Oftmals ist es an dieser Stelle sinnvoll, um ein Feedback von Menschen aus dem eigenen Umfeld zu bitten. Nachdem die eigenen Stärken bekannt sind, sollten diese erweitert werden. Dabei ist es wichtig, stets auf sich und nicht auf das Umfeld zu achten. Die eigenen Stärken sollten innerhalb der Zielerreichung dauerhaft im Mittelpunkt stehen und keineswegs in den Hintergrund rücken. Wichtig ist die Erkenntnis, dass Stärken eben genau dann zu Schwächen werden, wenn diese nicht weiterhin gefördert und weiterentwickelt werden.[212]

Als nächstes lohnt sich die Betrachtung seiner eigenen Schwächen. Diese können in zwei Arten unterschieden werden.[213]

---

205 Vgl. Felser, Georg (2000), S. 36-37

206 Vgl. Groß, Michael (2013), S. 42

207 Hoffmann, Erwin (2007), S. 77

208 Vgl. Schmidt, Dirk (2011), S. 30

209 Vgl. Hoffmann, Erwin (2007), S. 77-78

210 Vgl. Herdlitzka, Michael (2014), S. 15

211 Vgl. Meier, Rolf (2005), S. 86

212 Vgl. Groß, Michael (2013), S. 64-71

213 Vgl. Groß, Michael (2013), S. 72

Die erste Art, die berücksichtigt werden sollte, sind die Schwächen, die nicht behoben werden können. Einige Schwächen können einfach nicht beseitigt werden. Diese Einstufung und Erkenntnis ist dabei essenziell. Es kostet viel Aufwand, den Versuch zu unternehmen, eine Schwäche abzustellen, die nicht abgestellt werden kann. Daher ist es bereits ein großer Schritt, diese Schwäche als gegeben zu akzeptieren und damit sinnvoll umzugehen.[214]

Bei der zweiten Art handelt es sich um die Schwächen, die durch Bemühungen behoben werden können. Wenn ein Defizit auf das Leben störend wirkt und geändert werden kann, sollte dieses Defizit angegangen und behoben werden. Auch hier ist wieder eine Möglichkeit, sich Teilziele zu setzen und diese dauerhaft zu verfolgen, bis der gewünschte Ziel-Zustand der Kompetenz erreicht und somit das Defizit behoben ist.[215]

5.1.3 Die Erwartungen anderer kennen und persönlich gewichten

In vielen Fällen kommt zu den eigenen gesetzten Zielen und Erwartungen noch eine weitere Komponente hinzu. Dabei handelt es sich um die Erwartungen der Mitmenschen, die auf einen selbst einwirken. Diese Einflüsse können sowohl positiv, als auch störend wahrgenommen werden. Während der eine durch die Erwartungen Anderer zu Hochleistungen getrieben wird, lässt wiederum der Andere den Kopf hängen und zieht sich zurück.[216]

Doch bevor die fremden Erwartungen in den Fokus gerückt werden, lohnt sich erneut ein Blick auf die eigenen herausgearbeiteten Stärken, um an den Erwartungen weiterhin zu wachsen.[217]

„Für unser Selbstmanagement ist eine anspruchsvolle fremde Erwartung grundsätzlich positiv. Sie bietet einen klaren Anreiz für die Auseinandersetzung mit den eigenen Vorstellungen und Fähigkeiten.“[218]

---

[214] Vgl. Groß, Michael (2013), S. 72

[215] Vgl. Groß, Michael (2013), S. 72-74

[216] Vgl. Groß, Michael (2013), S. 77

[217] Vgl. Groß, Michael (2013), S. 77

[218] Groß, Michael (2013), S. 77

Damit es jedoch gelingt, die Erwartungen der Mitmenschen als einen positiven Anreiz zu empfinden, ist es erforderlich, diese Erwartungen mit den eigenen Motiven und Zielen zu verbinden. Folglich entsteht motiviertes Verhalten.[219]

Wenn die eigenen Erwartungen, in Form von selbst gesteckten Zielen, nicht erfüllt werden, wiegt das mehr, als wenn es sich dabei um fremde Erwartungen handelt.[220]

5.1.4 Eine eigene Haltung herausarbeiten

„Den größten Einfluss auf uns haben – wir."[221] Das heißt, dass Erfolge, wie auch Misserfolge zu einem Großteil von einem persönlich abhängig sind.[222]

Demnach kann auf den eigenen Erfolg auch eingewirkt werden, indem das eigene Verhalten in unterschiedlichen Situationen bewusster eingesetzt wird.[223]

Damit die eigene Haltung herausgearbeitet werden kann, ist es daher sinnvoll, das eigene Entscheidungsprofil zu kennen. Die eigenen automatisierten Handlungen können nur dann aktiv geändert werden, wenn man sich derer bewusst ist. Es gibt Entscheidungen, die spontan, zeitnah oder nach langer Überlegung getroffen werden. Während bei spontanen Entscheidungen oftmals Emotionen eine große Rolle spielen und einige Aspekte in den Überlegungen keine Berücksichtigung finden, fehlt bei Entscheidungen, die nach sehr langer Bedenkzeit getroffen werden, oftmals eine Fokussierung der wesentlichen Aspekte. Entscheidungen, die zeitnah getroffen werden, sind in vielen Fällen hingegen gut durchdacht. In einigen Fällen werden die individuellen Entscheidungsmöglichkeiten aufgrund von Notsituationen oder Vorgaben der Arbeitsweise abgenommen.[224]

Es lässt sich festhalten, dass es sich lohnt, auch neue Wege zu gehen, Fehler sollten nicht konsequent vermieden werden. Manchmal bringt es einen weiter, wenn aus Fehlern gelernt wird. Denn Aufgaben sind nur dann nicht zu meistern, wenn diese nicht angegangen werden.[225]

---

[219] Vgl. Groß, Michael (2013), S. 77
[220] Vgl. Groß, Michael (2013), S. 80
[221] Groß, Michael (2013), S. 90
[222] Vgl. Groß, Michael (2013), S. 90
[223] Vgl. Groß, Michael (2013), S. 90-91
[224] Vgl. Groß, Michael (2013), S. 90-91
[225] Vgl. Groß, Michael (2013), S. 91-105

5.2 Mit Zielabweichungen umgehen

Und doch passiert es, dass trotz aller Bemühungen Zielabweichungen zustande kommen. In diesen Fällen ist es entscheidend, wie damit umgegangen wird.

5.2.1 Wenn-Dann-Plan

Um Abweichungen oder Verfehlungen der gesetzten Ziele zu verhindern oder zu verringern, ist es erforderlich, dass eine Selbstregulation stattfindet. Eine effektive Methode der Motivationspsychologie, um sich selbst auf dem Weg der Zielerfüllung zu managen, ist der sogenannte Wenn-Dann-Plan.[226]

Dabei sollte in der Planung der Zielverwirklichung zuerst fokussiert werden, zu welchem Zeitpunkt und auf welche Weise ein Ziel erfüllt werden soll. Dann werden die Ziele in Pläne unterteilt, indem einzelne Situationen verknüpft werden. Sobald die erste Situation erfüllt wurde, folgt die verknüpfte zweite Situation.[227]

Die Vereinbarung von Wenn-Dann-Plänen ist effektiver in der Zielerreichung, als die Zielformulierung allein.[228] Ein Beispiel für eine Zielformulierung ist: *„Ich möchte Kritikfähig sein!".* Hingegen lautet eine passende Formulierung eines Wenn-Dann-Plans zu dem beschriebenen Ziel: *„Wenn ich in einem Kritikgespräch bin, dann höre ich meiner Führungskraft aufmerksam zu!".*

Es liegen empirische Studien vor, die die positive Wirkung der Zielvereinbarungen in Verknüpfung mit Wenn-Dann-Plänen belegen.[229]

Die Grundlage der Wenn-Dann-Pläne liegt in dem Rubikon-Modell. Das Rubikon-Modell stellt dar, welche Phasen innerhalb eines Zielerreichungsprozesses durchlaufen werden. In dem Modell werden vier Phasen unterschieden, bei denen entweder die Motivation oder die Volition die treibende Kraft ist.[230]

---

[226] Vgl. Faude-Koivisto, Tanya / Gollwitzer, Peter (2011), S. 209-210

[227] Vgl. Faude-Koivisto, Tanya / Gollwitzer, Peter (2011), S. 210

[228] Vgl. Faude-Koivisto, Tanya / Gollwitzer, Peter (2011), S. 210

[229] Vgl. Faude-Koivisto, Tanya / Gollwitzer, Peter (2011), S. 210

[230] Vgl. Faude-Koivisto, Tanya / Gollwitzer, Peter (2011), S. 208

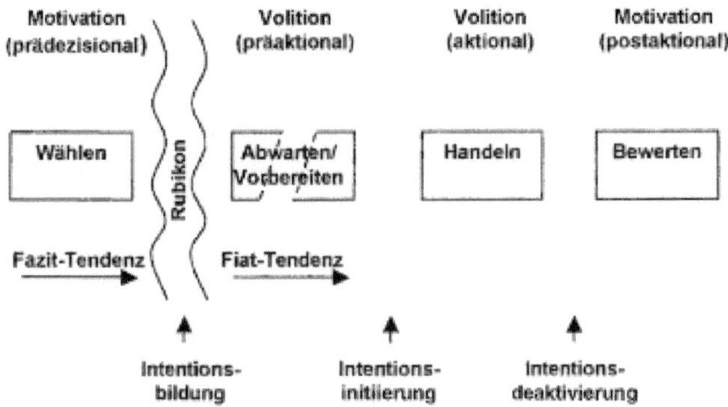

Abbildung 9: Das Rubikon-Modell nach Heckhausen[231]

Bei der ersten Phase handelt es sich um die prädezisionale Motivationsphase. In dieser Phase werden die Ziele und Handlungsstrategien abgewogen und ausgewählt. Dabei geht es primär nur um einen Wunsch. Folglich wird der Wunsch als Ziel formuliert, sodass der Rubikon überschritten wird. Ab diesem Zeitpunkt empfindet die Person ein starkes Pflichtgefühl, das gesetzte Ziel zu erreichen. In der zweiten Phase, der präaktionalen Volitionsphase, werden Herangehensweisen festgelegt, die der Zielerreichung dienen. Die Vereinbarung von Wenn-Dann-Plänen findet zu diesem Zeitpunkt statt. Die dritte Phase ist die aktionale Volitionsphase. Zu diesem Zeitpunkt werden die Handlungen ausgeführt und eventuelle Hindernisse zielgerichtet überwunden. In der letzten Phase, der postaktionalen Motivationsphase, werden die Handlungen abschließend bewertet. Dabei werden der gewünschte Zielzustand und der tatsächlich eingetretene Zustand verglichen.[232]

In der ersten und der vierten Phase findet ein realitätsorientiertes Arbeiten statt. Hingegen steht in der zweiten und dritten Phase die Realisierung im Vordergrund. Aus diesem Grund ist es wichtig, dass zum Ende eines Handlungsprozesses die Handlungen aus allen Phasen reflektiert werden.[233]

---

[231] Riedel, Jens (2003), S. 84

[232] Vgl. Faude-Koivisto, Tanya / Gollwitzer, Peter (2011), S. 209-210

[233] Vgl. Kauffeld, Simone (2010), S. 50-51

5.2.2 Eigenes Handeln reflektieren

Selbstreflexion ist die Fähigkeit, die eigenen Handlungen kritisch zu betrachten. Dabei werden die inneren, also persönlichen Einflüsse, hinterfragt und nicht die äußeren Einflüsse, wie beispielsweise der Zufall oder das Umfeld, hinzugezogen. Durch eine Selbstkenntniskompetenz werden nicht nur die eigenen Stärken gesehen, sondern zusätzlich die eigenen Entwicklungsfelder.[234]

Das Ziel, das durch die Selbstreflexion verfolgt wird, sollte nicht sein ein anderer Mensch zu werden. Das Ziel sollte darin bestehen, das Beste aus sich zu machen. Sich selber stetig weiterzuentwickeln und in gewissen Bereichen zu verändern.[235]

Vorteilhaft bei Personen, die über eine hohe Selbstkenntniskompetenz verfügen, ist, dass diese ihre Stärken und Schwächen realistisch einschätzen können. Weitere positive Aspekte liegen in der Kritikfähigkeit und Offenheit gegenüber einem Feedback anderer Personen. Dadurch, dass der eigene Erfolg und die eigenen Zielverfehlungen realistisch betrachtet werden, können gezielte Pläne zur Weiterentwicklung von Kompetenzen und Fähigkeiten gemacht werden.[236]

5.3 Erfolge feiern

Nachdem Aufgaben abgeschlossen wurden, kommt es oft zu einem nahtlosen Übergang in neue Tätigkeitsbereiche. Die neuen Aufgaben werden direkt in den Fokus der Tätigkeiten gesetzt. Dieser schnelle Übergang ist jedoch nicht zu empfehlen. Vielmehr empfiehlt es sich, sich Gedanken zu machen, was alles auf dem Weg zur Zielerreichung gut gelaufen ist.[237]

Es ist nachgewiesen, dass positive Erfahrungen kaum wahrgenommen werden, während die Negativen einem stark im Gedächtnis bleiben.[238] So sollten auch die kleinen Erfolge, die beim Erreichen von Teilzielen erfolgen, gefeiert werden.[239]

---

[234] Graf, Anita (2012), S. 149

[235] Vgl. Becker, Joachim H. / Pastoors, Sven (2018), S. 46

[236] Vgl. Becker, Joachim H. / Pastoors, Sven (2018), S. 46-47

[237] Vgl. Groß, Michael (2013), S. 57

[238] Vgl. Groß, Michael (2013), S. 57

[239] Vgl. Meier, Rolf (2005), S. 100

Diese Erfolge können auch gut im privaten Umfeld, mit der Familie oder mit Freunden, gefeiert werden.[240]

Weiterhin sollten Belohnungen unmittelbar nach Erreichung des Zieles oder auch Teilzieles erfolgen. So sollte nach einer Zielerreichung innegehalten werden und der positive Zustand genau betrachtet werden. Es ist nicht sinnvoll, direkt die nächste Aufgabe anzugehen.[241]

Zusätzlich motivierend, auch für ein bestehendes Team, ist das Feiern gemeinsamer Erfolge. Der Zusammenhalt im Team wird dadurch gestärkt und die Motivation für neue Ziele steigt. Diese Pausen haben sich als wirksam und insgesamt produktivitätsfördernd bewiesen.[242]

---

[240] Vgl. Borgers, Frank Christoph / Krätzer, Anita (2012), S. 265
[241] Vgl. Becker, Joachim H. (2018), S. 122
[242] Vgl. Becker, Joachim H. (2018), S. 122

6 Praxisumfrage in Servicebereichen

Zum Abschluss der Arbeit sollen praktische Erkenntnisse zu den aufgearbeiteten Themen implementiert werden. Aus diesem Grund wird eine Praxisumfrage durchgeführt, die speziell die Mitarbeiter aus Servicebereichen betrifft.

6.1 Ziel der Umfrage

Wie bereits in Kapitel 3.5.2. erwähnt, gibt es zu der Zwei-Faktoren-Theorie die Kritik, dass zwischen den unterschiedlichen Altersgruppen betreffend der Arbeitsmotivation und Arbeitszufriedenheit nicht differenziert wird. Dazu wurde durch eine empirische Studie bereits untersucht, ob Mitarbeiter unterschiedlichen Alters differenziert motiviert werden müssen. Diese Annahme wurde abgelehnt. Weiterhin wurde in der Studie aufgezeigt, dass dennoch sowohl einige Motivatoren, als auch Hygienefaktoren auf die unterschiedlichen Altersgruppen andere Wirkungen haben. So nimmt die Bedeutung der Beförderungen und des Status im Job bei älteren Mitarbeitern ab.[243] Aus diesem Grund ist das erste Ziel der Umfrage festzustellen, ob Mitarbeiter die jünger sind, motivierter sind, als Mitarbeiter, die älter sind.

Michael Groß sagt, dass Führungskräfte selber die Mitarbeiterschaft nicht motivieren können, sondern nur günstige Rahmenbedingungen schaffen können.[244] Hingegen vertritt Wolfgang Oehme die Meinung, dass die Aufgabe einer Führungskraft hauptsächlich in der Motivation seiner Mitarbeiter liegt.[245] Aus diesem Grund ist das zweite Ziel der Praxisumfrage zu überprüfen, ob die Zufriedenheit mit der eigenen Führungskraft mit der intrinsischen Motivation der Mitarbeiter in Servicebereichen korreliert.

Für die Umfrage werden die folgenden zwei Hypothesen aufgestellt:

> Hypothese 1: Mitarbeiter aus Servicebereichen haben eine größere intrinsische Motivation, je jünger sie sind. Folglich haben die Mitarbeiter, die älter sind, eine niedrigere intrinsische Motivation.

> Hypothese 2: Die Zufriedenheit der Mitarbeiter aus Servicebereichen mit der Führungskraft hat keinen Einfluss auf die intrinsische Motivation.

---

[243] Vgl. Büttner, Ricardo (2013), S. 367-382
[244] Vgl. Groß, Michael (2013), S. 32
[245] Vgl. Oehme, Wolfgang (1979), S. 23

6.2 Methodik

Zur Überprüfung der Hypothesen wurde eine empirische Studie durchgeführt. Diese erstreckte sich über einen Zeitraum von einem Monat im Herbst 2018. Als Durchführungsweg der empirischen Studie wurde die Methode der Online-Umfrage gewählt, um möglichst viele Teilnehmer zu erreichen. Die Umfrage wurde in Praxisbereichen, deren tägliches Geschäft der Service ist, durchgeführt. Die Umfrage wurde über eine Online-Plattform erstellt.

Zur Abfrage wurde der Job-Diagnostic-Survey (JDS) von Schmidt, Kleinbeck, Ottmann und Seidel verwendet. Die deutsche Fassung basiert auf der Originalversion von Hackman und Oldham aus 1974/1975. Ausschlaggebend für die Auswahl des JDS war, dass der Anwendungsbereich nicht auf spezielle Tätigkeitsgebiete begrenzt ist. Der JDS enthält mehrere Teilabschnitte, durch die verschiedene Variablen abgefragt werden können.[246] Aus dem JDS wurden vom Autor die Skalen der intrinsischen Arbeitsmotivation und der Zufriedenheit mit dem Vorgesetzten ausgewählt. Aus den beiden Skalen ergaben sich neun Items, mit denen die benannten Hypothesen überprüft werden sollten. Die Items sind in Anhang 1 aufgelistet.

Innerhalb des JDS ist die 7-Stufige Likert-Skala enthalten.[247] Der Vorteil der ausgewählten ungeraden Skala ist, dass sich die Teilnehmer auch einordnen können, wenn sie unentschieden sind.[248]

Die 7-Stufige-Likert-Skala für die sechs Items zur intrinsischen Motivation der Mitarbeiter teilt sich auf von (1) „stimmt überhaupt nicht" bis hin zu (7) „stimmt vollständig". Während die Aussage der Items IWM1, IWM2, IWM3, IWM5 und IWM6 feststehen, ist für eine Aussagekraft des Items IWM4 eine Recodierung erforderlich. Nach der Recodierung können die ausgewerteten Ergebnisse miteinander verglichen werden.

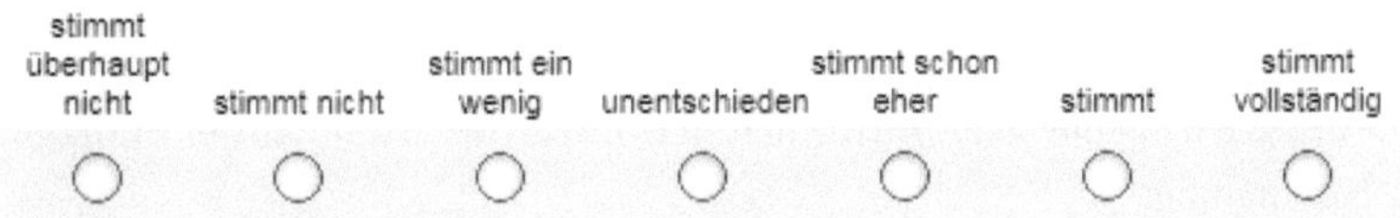

Abbildung 10: Bewertungsskala intrinsische Motivation

---

[246] Vgl. Schmidt, Klaus-H. / Kleinbeck, Uwe (1999), S. 205- 227

[247] Vgl. Schmidt, Klaus-H. / Kleinbeck, Uwe (1999), S. 210

[248] Vgl. Weinreich, Uwe / von Lindern, Eike (2008), S. 175

Die drei Items zur Zufriedenheit mit dem Vorgesetzten wurden ebenfalls auf einer 7-Stufigen-Likert-Skala bewertet. Darin gingen die Werte von (1) „außerordentlich unzufrieden" bis (7) „außerordentlich zufrieden".

außerordentlich unzufrieden unzufrieden eher unzufrieden weder unzufrieden noch zufrieden eher zufrieden zufrieden außerordentlich zufrieden

Abbildung 11: Bewertungsskala Zufriedenheit mit dem Vorgesetzten

Zusätzlich zu den genannten neun Items wurden demographische Daten (das Alter, das Geschlecht und die Betriebszugehörigkeit) abgefragt.

Da eine ehrliche Antwort für die Auswertung der Umfrage sehr wichtig ist, wurden die Daten der Teilnehmer anonymisiert erfasst. Den Teilnehmern gegenüber wurde dies auch bei Beginn der Umfrage mitgeteilt.

6.3 Vorgehen

Die Umfrage wurde Anfang November online gestellt und als Link über soziale Netzwerke und E-Mail-Programme versendet. Die Umfrage kann in Anhang 2 betrachtet werden. Über den versandten Link haben 326 Personen an der Umfrage bis zum Ende teilgenommen. Eine Durchführung bis zum Schluss war hierbei die Voraussetzung, damit die Datensätze weiter verwendet wurden. Die Ergebnisse der Befragung sind in Anhang 3 komplett aufgelistet.

Die Teilnehmer teilen sich auf in 155 Männer (47,5%) und in 171 Frauen (52,5%).

Das Alter der Teilnehmer teilt sich in 172 Personen (53%) auf, die unter 30 Jahre alt sind und 101 Personen (31%), die zwischen 30 und 45 Jahren alt sind. Weitere 48 Personen sind zwischen 46 und 60 Jahre alt (15%) und 5 Personen sind über 60 Jahre alt (5%).

Die Betriebszugehörigkeit wurde in fünf Gruppen unterteilt. An der Umfrage haben teilgenommen:

- 79 Personen (24%) unter 3 Jahren Betriebszugehörigkeit,
- 60 Personen (19%) mit zwischen 3 und 5 Jahren Betriebszugehörigkeit,
- 86 Personen (26%) mit zwischen 5 und 10 Jahren Betriebszugehörigkeit,

- 53 Personen (16%) mit über 10, aber unter 20 Jahren Betriebszugehörigkeit,

- 48 Personen (15% der Befragten) mit über 20 Jahren Betriebszugehörigkeit.

Die folgende Darstellung soll noch einmal zur Verbildlichung dienen:

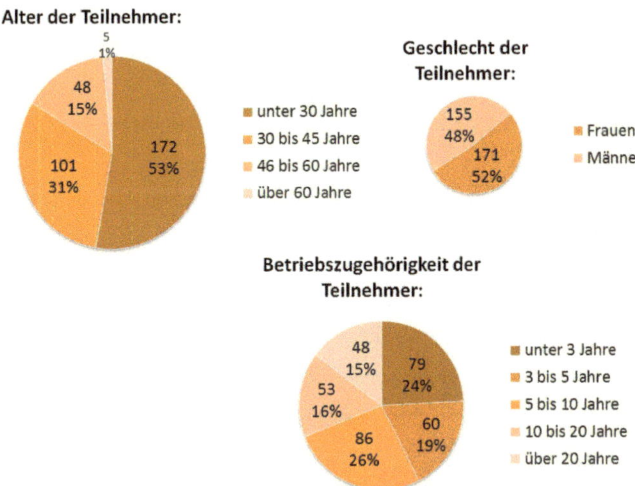

Abbildung 12: Auswertung der demographischen Daten der Teilnehmer

6.4 Auswertung

Bei der Auswertung der Umfrage wurden die beiden festgelegten Hypothesen genauer betrachtet. Mit Hilfe des Statistikprogrammes SPSS wurden die Ergebnisse der Umfrage ausgewertet.

Um die erste Hypothese zu überprüfen, hat der Autor nach einem vergleichbaren Mittel gesucht. Aus diesem Grund wurde das arithmetische Mittel ausgewählt.

Bei dem arithmetischen Mittel handelt es sich um den Mittelwert oder auch den Durchschnitt. Zum Berechnen des Wertes wird die Summe der Ergebnisse durch die Anzahl der Werte geteilt. Das arithmetische Mittel wird zum Vergleich verschiedener Werte genutzt.[249]

---

[249] Vgl. Kuckartz, Udo / Rädiker, Stefan / Ebert, Thomas / Schehl, Julia (2013),S. 64

Die Mittelwerte zu den beantworteten Items der intrinsischen Motivation der Mitarbeiter wurden je nach Altersstufe ermittelt. Es ist festzuhalten, dass das Item IWM4 dabei, wie beschrieben, recodiert wurde. Dabei ergaben sich die folgenden Mittelwerte:

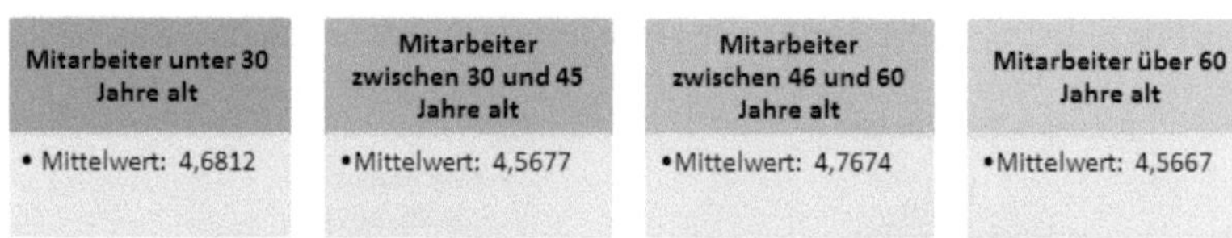

Abbildung 13: Auswertung Mittelwert der beantworteten Items zur intrinsischen Motivation der vier verschiedenen Altersgruppen

Bei Mitarbeitern unter 30 Jahren wurde ein Wert in Höhe von 4,6812 ermittelt, bei Mitarbeitern, die zwischen 30 und 45 Jahre alt sind, wurde hingegen ein Wert in Höhe von 4,5677 berechnet. Der Mittelwert der intrinsischen Motivation der unter 30 jährigen Mitarbeiter ist somit höher, als der der Mitarbeiter der zweiten Altersstufe. Bei Mitarbeitern, die zwischen 46 und 60 Jahren alt sind, wurde ein Mittelwert in Höhe von 4,7674 ermittelt. Die vierte Altersgruppe, die der über 60 Jährigen, enthält den niedrigsten Mittelwert der intrinsischen Motivation mit 4,5667. Der höchste Mittelwert ist in der dritten Altersgruppe, die der 46 bis 60 jährigen Mitarbeitern, festzustellen.

Das heißt, dass die befragten Mitarbeiter auf einer Skala von 1 bis 7 im Durchschnitt mit dem genannten Mittelwert auf die Fragen zur intrinsischen Motivation geantwortet haben.

Wie in der Abbildung 14 ersichtlich, verteilen sich die Mittelwerte der Höhe nach nicht dem Alter entsprechend. Aus diesem Grund kann die vom Autor gestellte Hypothese 1 nicht bestätigt werden. Als Kritik ist deutlich zu erkennen, dass sich die Anzahl der Umfrageteilnehmer nicht gleich auf die vier Altersgruppen verteilt. Besonders hervorzuheben ist, dass lediglich fünf Personen aus der Altersgruppe der über 60 jährigen Teilnehmer stammen. Daher ist anzunehmen, dass besonders das Ergebnis aus der vierten Altersgruppe nicht repräsentativ ist.

Zur Überprüfung der zweiten Hypothese, der Korrelation der Zufriedenheit mit der Führungskraft zur intrinsischen Motivation der Mitarbeiter, wurden die Ergebnisse der entsprechenden Items ebenfalls mit dem Statistikprogramm SPSS ausgewertet. Dabei ergab sich eine Korrelation von $r = 0{,}316$ mit einer Signifikanz von $p < 0{,}01$.

Der Wert der Korrelation kann zwischen -1 und 1 liegen. Während eine Korrelation von r = 0 keinen Zusammenhang spiegelt, handelt es sich bei einer Korrelation von r = 1 um einen starken linearen Zusammenhang der beiden betrachteten Variablen.[250] Ferner handelt es sich bei einer Korrelation von r bis 0,3 um eine geringe Korrelation, bei r ab 0,5 um eine gute Korrelation und bei r ab 0,7 um eine sehr hohe Korrelation.[251] Die ermittelte Korrelation liegt bei 0,316. Das heißt, dass die Zufriedenheit mit dem Vorgesetzten eher eine geringe Korrelation zu der intrinsischen Arbeitsmotivation aufweist.

Der p-Wert, also die Signifikanz, sagt aus, inwieweit das Ergebnis zufällig ist. Demnach trifft die Signifikanz eine Aussage zu der Zuverlässigkeit der Ergebnisse.[252] Die errechnete Korrelation ist mit einer Signifikanz von < 1% ermittelt worden. Das heißt, dass die Irrtumswahrscheinlichkeit bei unter 1% liegt.

Da die Korrelation einen Wert von r > 0 aufweist, wird die Hypothese 2 abgelehnt. Die Zufriedenheit mit dem Vorgesetzten scheint einen Einfluss auf die Befragten betreffend der intrinsischen Motivation zu haben. Dieser Zusammenhang bewegt sich zwar in einem geringen Bereich, dennoch ist ein Zusammenhang zu erkennen.

---

[250] Vgl. Benesch, Thomas (2013), S. 69-72
[251] Vgl. Voos, Dunja (2012)
[252] Vgl. Nonnenmann, Almut (2004), S. 309

7 Zusammenfassung

Zu Beginn dieser Arbeit wurde die humanistische Psychologie thematisiert. Darin enthalten sind sowohl die grundlegenden Definitionen, als auch die Grundannahme, dass Menschen danach streben sich stetig zu entwickeln und an einer Selbstverwirklichung arbeiten. Auf dieser Grundannahme sind verschiedene Motivationsmodelle entstanden. Diese stellen die Basis der Arbeit dar.

Bei der Betrachtung der Motivation der Mitarbeiter in Unternehmen ist deutlich geworden, dass es sehr viele Facetten gibt, die im Rahmen der Motivation im Betrieb zu berücksichtigen sind. Um die Mitarbeiter zu motivieren lohnt sich ein Blick auf die Herkunft der unterschiedlichen Motive. Dabei gibt es sowohl tief in der Persönlichkeit verankerte Motive, die den betroffenen Personen nicht bewusst sind, als auch offensichtliche Motive.

Fundamental ist, gezielt die Motivation der Mitarbeiter sicherzustellen, da das Unternehmen eine große Anzahl an Vorteilen erhält und zusätzlich Risiken, die durch eine demotivierte Belegschaft entstehen können, verhindert werden. Durch motivierte Mitarbeiter entsteht demnach ein großer betriebswirtschaftlicher Nutzen für das Unternehmen. Aus diesem Grund ist eine essenzielle Aufgabe der Führungskraft, motiviertes Verhalten der Geführten herzustellen und zu bewahren. Die Führungskraft hat dabei einige Möglichkeiten, durch situatives und individuelles Verhalten auf die Geführten einzugehen. Ein Beispiel der individuellen Wegbegleitung der Mitarbeiterschaft ist das Coaching durch die Führungskraft. Damit das Coaching gelingen kann sind eine Vertrauensbasis und eine strikte Rollentrennung erforderlich.

Im Rahmen der Praxisumfrage wurden die zwei aufgestellten Hypothesen betreffend der intrinsischen Motivation von Mitarbeitern unterschiedlichen Alters und des fehlenden Zusammenhangs der Zufriedenheit mit der Führungskraft auf die intrinsische Motivation abgelehnt. Es war keine deutliche Struktur betreffend der unterschiedlichen Altersgruppen zu erkennen, die auf eine höhere intrinsische Motivation jüngerer Beschäftigte innerhalb von Servicebereichen schließen lässt. Ebenfalls war zu erkennen, dass die Führungskraft, entgegen der Annahme des Autors, einen Anteil an der intrinsischen Motivation hat. Aus diesem Grund ist es umso wichtiger, dass auf die Motivation der Mitarbeiter durch die Führungskraft geachtet wird.

Der Autor hat festgestellt, dass es schwer ist, eine gleichmäßige Streuung der Umfrageteilnehmer sicherzustellen. Letztendlich ist nicht ersichtlich, wer an der

Umfrage teilgenommen hat. Eine bessere Verteilung der Geschlechter, der Altersgruppen und der Betriebszugehörigkeit kann beispielsweise durch eine Vorabanfrage sichergestellt werden. In dieser Vorabanfrage würde der Autor anfragen, ob die Bereitschaft besteht, an der Umfrage teilzunehmen. Dadurch ergibt sich, bei einer Zustimmung, eine höhere Selbstverpflichtung zur Teilnahme. Die Grundlage dazu ist, dass im Vorfeld die entsprechenden Teilnehmer ausgewählt werden.

Innerhalb der Praxisumfrage hat die Komponente der Selbstmotivation keine Berücksichtigung gefunden. Hier besteht die Möglichkeit, in einer weiteren Umfrage gezielt auf die Möglichkeiten der Eigenmotivation einzugehen. Dennoch lässt sich festhalten, dass ein positives Selbstmanagement durchaus förderlich sein kann. So kann durch das Lenken der eigenen Emotionen und Handlungen gezielt Einfluss auf die persönliche Sicht auf spezielle Situationen genommen werden. Neben der Möglichkeit der Zielvereinbarung mit der Führungskraft, besteht die Möglichkeit, sich selber Ziele zu setzen. Durch die persönliche Vereinbarung werden die Ziele stärker fokussiert.

Zusammenfassend lässt sich sagen, dass die Motivation sowohl seitens der Führungskräfte, als auch seitens der Mitarbeiter selber ein fundamentales Thema ist, dass es zu betrachten gilt. Es ist betriebswirtschaftlich gesehen sehr ratsam, in die Aufrechterhaltung und Erweiterung der Arbeitsmotivation und Arbeitszufriedenheit der Belegschaft zu investieren.

Anhang 1: Items des Job-Diagnostic-Survey (JDS) zur intrinsischen Arbeitsmotivation und zur Zufriedenheit mit dem Vorgesetzten

Skala: Intrinsische Arbeitsmotivation:

IWM 1: Meine Meinung über mich selbst wächst, wenn ich meine Arbeit gut mache.
IWM 2: Ich empfinde eine große persönliche Zufriedenheit, wenn ich meine Arbeit gut mache.
IWM 3: Ich fühle mich schlecht und unglücklich, wenn ich sehe, dass ich meine Arbeit schlecht ausgeführt habe.
IWM 4: Meine eigene Stimmung wird im Allgemeinen nicht davon beeinflusst, wie gut ich meine Arbeit mache.
IWM 5: Die meisten Leute, die diese Arbeit machen, empfinden ein großes Maß an persönlicher Zufriedenheit, wenn sie ihre Arbeit gut machen.
IWM 6: Die meisten Leute fühlen sich schlecht und unglücklich, wenn sie feststellen, dass sie ihre Arbeit schlecht gemacht haben.

Skala: Zufriedenheit mit dem Vorgesetzten:

SUS 1: Wie zufrieden sind Sie mit der Behandlung durch Ihre Vorgesetzten?
SUS 2: Wie zufrieden sind Sie mit dem Umfang an Unterstützung und Anleitung durch Ihre Vorgesetzten?
SUS 3: Wie zufrieden sind Sie mit der Qualität des Führungsstils in Ihrem Betrieb?

Anhang 2: Umfrage in den Servicebereichen

Zu Beginn der Umfrage beantworten Sie bitte die drei Fragen zu Ihrer persönlichen Situation.

1. Wie ist Ihr Geschlecht?

◯ Weiblich

◯ Männlich

2. Wie alt sind Sie?

◯	◯	◯	◯
unter 30 Jahre alt	30 bis 45 Jahre alt	46 bis 60 Jahre alt	über 60 Jahre alt

3. Wie lange arbeiten Sie in Ihrem aktuellen Beruf?

◯	◯	◯	◯	◯
unter 3 Jahre	3 bis 5 Jahre	5 bis 10 Jahre	10 bis 20 Jahre	länger als 20 Jahre

Bitte ordnen Sie bei den folgenden Fragen Ihre persönlichen Empfindungen in der Skala ein.

Persönliche Empfindungen gegenüber der Arbeitstätigkeit

	stimmt überhaupt nicht	stimmt nicht	stimmt ein wenig	unentschieden	stimmt schon eher	stimmt	stimmt vollständig
Meine Meinung über mich selbst wächst, wenn ich meine Arbeit gut mache.	◯	◯	◯	◯	◯	◯	◯
Ich empfinde eine große persönliche Zufriedenheit, wenn ich meine Arbeit gut mache.	◯	◯	◯	◯	◯	◯	◯
Ich fühle mich schlecht und unglücklich, wenn ich sehe, dass ich meine Arbeit schlecht ausgeführt habe.	◯	◯	◯	◯	◯	◯	◯
Meine eigene Stimmung wird im allgemeinen nicht davon beeinflusst, wie gut ich meine Arbeit mache.	◯	◯	◯	◯	◯	◯	◯
Die meisten Leute, die diese Arbeit machen, empfinden ein großes Maß an persönlicher Zufriedenheit, wenn sie ihre Arbeit gut machen.	◯	◯	◯	◯	◯	◯	◯
Die meisten Leute fühlen sich schlecht und unglücklich, wenn sie feststellen, dass sie ihre Arbeit schlecht gemacht haben.	◯	◯	◯	◯	◯	◯	◯

Bitte ordnen Sie bei den folgenden Fragen Ihre persönlichen Empfindungen in der Skala ein.

4. Beziehung zu Ihren Vorgesetzten

Wie zufrieden sind Sie mit...	außerordentlich unzufrieden	unzufrieden	eher unzufrieden	weder unzufrieden noch zufrieden	eher zufrieden	zufrieden	außerordentlich zufrieden
... der Behandlung durch Ihre Vorgesetzten?	○	○	○	○	○	○	○
... dem Umfang an Unterstützung und Anleitung durch Ihre Vorgesetzten?	○	○	○	○	○	○	○
... der Qualität des Führungsstils in Ihrem Betrieb?	○	○	○	○	○	○	○

Anhang 3: Auswertung der Umfrage

	Weiblich		Männlich	
Wie ist Ihr Geschlecht?	171		155	
	Unter 30 Jahre alt	30 bis 45 Jahre alt	46 bis 60 Jahre alt	Über 60 Jahre alt
Wie alt sind Sie?	172	101	48	58

	Unter 3 Jahre	3 bis 5 Jahre	5 bis 10 Jahre	10 bis 20 Jahre	Länger als 20 Jahre
Wie lange arbeiten Sie in Ihrem aktuellen Beruf?	79	60	86	53	48

	(1)	(2)	(3)	(4)	(5)	(6)	(7)
Meine Meinung über mich selbst wächst, wenn ich meine Arbeit gut mache.	2	12	32	25	87	128	40
Ich empfinde eine große persönliche Zufriedenheit, wenn ich meine Arbeit gut mache.	1	5	9	19	93	124	75
Ich fühle mich schlecht und unglücklich, wenn ich sehe, dass ich meine Arbeit schlecht ausgeführt habe.	6	25	70	46	58	95	26
Meine eigene Stimmung wird im Allgemeinen nicht davon beeinflusst, wie gut ich meine Arbeit mache.	30	96	59	61	43	21	16
Die meisten Leute, die diese Arbeit machen, empfinden ein großes Maß an persönlicher Zufriedenheit, wenn sie ihre Arbeit gut machen.	2	15	28	99	87	80	15
Die meisten Leute fühlen sich schlecht und unglücklich, wenn sie feststellen, dass sie ihre Arbeit schlecht gemacht haben.	2	30	43	97	77	67	10
Wie zufrieden sind Sie mit der Behandlung durch Ihre Vorgesetzten?	4	20	34	41	77	108	42

	(1)	(2)	(3)	(4)	(5)	(6)	(7)
Wie zufrieden sind Sie mit dem Umfang an Unterstützung und Anleitung durch Ihre Vorgesetzten?	10	28	43	49	81	94	21
Wie zufrieden sind Sie mit der Qualität des Führungsstils in Ihrem Betrieb?	18	40	46	50	85	65	22

Abbildungsverzeichnis

Literaturverzeichnis

Barth, Mira (2009): Führungskompetenz im Wandel, Komplexität und Dynamik als neue Herausforderung der Führungskräfteentwicklung, Hamburg, IGEL Verlag.

Becker, Florian (2019): Mitarbeiter wirksam motivieren, Mitarbeitermotivation mit der Macht der Psychologie, Heidelberg, Springer-Verlag.

Becker, Joachim H. (2018): Selbst- und Zeitmanagement, in: Becker, Joachim H. / Ebert, Helmut / Pastoors, Sven: Praxishandlung berufliche Schlüsselkompetenzen, 50 Handlungskompetenzen für Ausbildung, Studium und Beruf, Berlin, Springer Verlag.

Becker, Joachim H. / Pastoors, Sven (2018): Persönliche Kompetenzen, in: Becker, Joachim H. / Ebert, Helmut / Pastoors, Sven: Praxishandlung berufliche Schlüsselkompetenzen, 50 Handlungskompetenzen für Ausbildung, Studium und Beruf, Berlin, Springer Verlag.

Benesch, Thomas (2013): Schlüsselkonzepte zur Statistik: Die wichtigsten Methoden, Verteilungen, Tests anschaulich erklärt, Heidelberg, Springer Verlag.

Borgers, Frank Christoph / Krätzer, Anita (2012): Erfolg durch Selbstmanagement, Sofortmaßnahmen für Einsteiger und Fortgeschrittene, Norderstedt, Books on Demand GmbH.

Brandstätter, Veronika / Achtziger, Anja / Gollwitzer, Peter M. (2015): Motivation und Volition, in: Schütz, Brand, Selg, Lauterbacher (Hrsg.): Psychologie, Eine Einführung in ihre Grundlagen und Anwendungsfelder, 5. Auflage, Stuttgart, Verlag W. Kohlhammer.

Bühler, Charlotte / Allen, Melanie (1974): Einführung in die humanistische Psychologie, Stuttgart, Ernst Klett Verlag.

Bühler, Charlotte (1962): Psychologie im Leben unserer Zeit, München, Droemer Knaur.

Büttner, Ricardo (2013): Zur Korrelation des Alters mit Arbeitsmotivation und –zufriedenheit, in: Göke, Michael / Heupel, Thomas (Hrsg.): Wirtschaftliche Implikationen des demographischen Wandels, Herausforderungen und Lösungsansätze, Wiesbaden, Springer Fachmedien.

Csikszentmihalyi, Mihaly (2010): Flow, Das Geheimnis des Glücks, 15. Auflage, Stuttgart, Klett Cotta.

De Micheli, Marco (2006): Nachhaltige und wirksame Mitarbeitermotivation, Praxisgrundsätze, Fallbeispiele, Motivations- und Führungsprinzipien und konkrete Motivationsideen inklusive Mitarbeitergespräche und Kommunikationsregeln zur Motivationssteigerung von Mitarbeitern im Betriebsalltag, Zürich, Praxium-Verlag.

De Saint-Exupéry, Antoine (2009): Die Stadt in der Wüste, Düsseldorf, Karl Rauch Verlag GmbH.

Dörner, Volkhard (2009): Gewinne: Global., Die taktisch dominierte Zielwertgeregelte Unternehmensführung, Norderstedt, Books on Demand GmbH.

Drack, Silja (2010): Führungsförderndes Human Ressource Management, Ein HRM-Instrumentarium zur Förderung von Führung in Unternehmen, Wiesbaden, Gabler Verlag.

Drumm, Hans Jürgen (2008): Personalwirtschaft, 6. Auflage, Heidelberg, Springer Verlag.

Dudenredaktion (o.J.): „Service", in: Duden.de, https://www.duden.de/node/690730/revisions/1963923/view, Zugriff am 19.09.2018.

Faller, Michael (1991): Innere Kündigung, Ursachen und Folgen, München, Rainer Hampp Verlag.

Faude-Koivisto, Tanya / Gollwitzer, Peter (2011): Wenn-Dann-Pläne: eine effektive Planungsstrategie aus der Motivationspsychologie, in: Birgmeier, Bernd (Hrsg.): Coachingwissen, 2. Auflage, Wiesbaden, VS Verlag für Sozialwissenschaften.

Felser, Georg (2000): Motivationsmethoden für Wirtschaftsstudierende, Sich selbst und andere motivieren, Berlin, Cornelsen Verlag.

Feßler, Roman / Guldenschuh-Feßler, Beate (2013): Gesunde Führung, Mehr Erfolg durch Mitarbeiterorientierung, 2. Auflage, Norderstedt, BoD.

Fox, Rüdiger (2017): Bionische Unternehmensführung, Mitarbeitermotivation als Schlüssel zu Innovation, Agilität und Kollaboration, Wiesbaden, Springer Gabler Verlag.

Franken, Swetlana (2007): Verhaltensorientierte Führung, Handeln, Lernen und Ethik in Unternehmen, 2. Auflage, Wiesbaden, Gabler Verlag.

Franz, Robert (2011): Auswirkungen der Mitarbeiterzufriedenheit auf die Kundenzufriedenheit im Dienstleistungssektor – Theoretische Grundlagen und empirische Ergebnisse, Bremen, Europäischer Hochschulverlag GmbH & Co. KG.

Frey, Dieter / Schmalzried, Lisa Katharin (2013): Philosophie der Führung, Gute Führung lernen, Heidelberg, Springer-Verlag.

Fritzsche, Thomas (2017): Führen. Einfach. Machen., Grundlagen der Mitarbeiterführung, Bern, Hogrefe Verlag.

Furtner, Marco (2016): Effektivität der transformationalen Führung, Helden, Visionen und Charisma, Wiesbaden, Springer Gabler Verlag.

Furtner, Marco / Baldegger, Urs (2016): Self-Leadership und Führung, Theorien, Modelle und praktische Umsetzung, 2. Auflage, Wiesbaden, Springer Gabler.

Graf, Anita (2012): Selbstmanagement-Kompetenz in Unternehmen nachhaltig sichern, Leistung, Wohlbefinden und Balance als Herausforderung, Wiesbaden, Springer Fachmedien.

Greif, Siegfried (2005): Vorwort, in: Rauen, Christopher (Hrsg.): Handbuch Coaching, 3. Auflage, Göttingen, Hogrefe Verlag.

Groß, Michael (2013): Selbstcoaching, Eigenmotivation, Karriereplanung, Selbstführung – Veränderung als Chance nutzen und den eigenen Erfolgsweg gehen, Berlin Heidelberg, Springer Verlag.

Haag, Barbara (2013): Authentische Karriereplanung: Mit der Motivanalyse auf Erfolgskurs, Wiesbaden, Springer Verlag.

Hamann, Angelika / Huber, Johann (1991): Coaching, Der Vorgesetzte als Trainer, Darmstadt, Hoppenstedt Technik Tabellen Verlag.

Hammann, Eva-Maria (2008): Dezentrale Leadership, Voraussetzungen, Möglichkeiten und Grenzen von unternehmerischem Führungsverhalten in Tochtergesellschaften diversifizierter Unternehmen, Wiesbaden, GWV Fachverlage GmbH.

Heinze, Daniela (2018): Die Bedeutung der Volition für den Studienerfolg, Zu dem Einfluss volitionaler Strategien der Handlungskontrolle auf den Erfolg von Bachelorstudierenden, Wiesbaden, Springer Verlag.

Herdlitzka, Michael (2014): Ziele erreichen, (Selbst-)Coaching in Gesundheits-
berufen, Heidelberg, Springer-Verlag.

Hess, Ursula (2018): Allgemeine Psychologie II, Motivation und Emotion, Stuttgart, Verlag W. Kohlhammer.

Hoffmann, Erwin (2007): Manage Dich selbst und nutze Deine Zeit!, Witten,
W3L-Verlag.

Hübner, Sabine (2007): 30 Minuten Kundenservice, 5. Auflage, Offenbach, GA-
BAL Verlag GmbH.

Imberger, Kathrin (2003): Wertorientierte Anreizgestaltung, Köln, Josef Eul
Verlag.

Jetter, Frank / Skrotzki, Rainer (2008): Führungskompetenz, Die Führungskraft
als Vorbild, Manager, Koordinator, Macher, Teamentwickler, Coach, Ex-
perte und zugleich Lernender, Regensburg, Walhalla Fachverlag.

Johach, Helmut (2012): Individualismus und soziale Verantwortung: Kontro-
verse Tendenzen in der Humanistischen Psychologie, in: Straub, Jürgen
(Hrsg.): Der sich selbst verwirklichende Mensch, Über den Humanismus
der Humanistischen Psychologie, Bielefeld, transcript Verlag.

Kauffeld, Simone (2010): Nachhaltige Weiterbildung, Betriebliche Seminare
und Trainings entwickeln, Erfolge messen, Transfer sichern, Heidelberg,
Springer Verlag.

Kiwus, Dieter (2016): Mehr Verkaufserfolg durch Selbstcoaching, Überflügeln
Sie sich selbst: in 21 Tagen zum Quantensprung, 5. Auflage, Wiesbaden,
Springer Gabler Verlag.

Knecht, Marita / Pifko, Clarisse (2010): Psychologie am Arbeitsplatz, Eine pra-
xisorientierte Darstellung mit zahlreichen Repetitionsfragen und Lösungen, 4. Auflage, Zürich, Compendio Bildungsmedien.

Kniehl, Axel T. (1998): Motivation und Volition in Organisationen, Wiesbaden,
Deutscher Universitäts-Verlag.

Kochinka, Alexander (2012): Humanistische Psychologie: Über einige ihrer ex-
pliziten und impliziten Annahmen über den Menschen und die Wissen-
schaft vom Menschen, in: Straub, Jürgen (Hrsg.): Der sich selbst verwirklichende Mensch, Über den Humanismus der Humanistischen Psychologie,
Bielefeld, transcript Verlag.

Kowalzik, Uwe (2005): Erfolgreiche Personalentwicklung, Was Pflegeeinrichtungen und –dienste dafür tun können, Hannover, Schlütersche Verlagsgesellschaft mbH & Co. KG.

Krafft, Andreas / Walker, Andreas (2018): Positive Psychologie der Hoffnung, Grundlagen aus Psychologie, Philosophie, Theologie und Ergebnisse aktueller Forschung, Berlin, Springer Verlag.

Kuckartz, Udo / Rädiker, Stefan / Ebert, Thomas / Schehl, Julia (2013): Statistik: Eine verständliche Einführung, 2. Auflage, Wiesbaden, Springer Fachmedien.

Kuhl, Julius (2010): Lehrbuch der Persönlichkeitspsychologie, Motivation, Emotion und Selbststeuerung, Göttingen, Hogrefe Verlag.

Kühl, Wolfgang / Lampert, Andreas / Schäfer, Erich (2018): Coaching als Führungskompetenz, Konzeptionelle Überlegungen und Modelle, Göttingen, Vandenhoeck & Ruprecht GmbH & Co. KG.

Kühlmann, Torsten M. (2008): Mitarbeiterführung in internationalen Unternehmen, Stuttgart, Verlag W. Kohlhammer.

Kulbe, Annette (2009):Grundwissen Psychologie, Soziologie und Pädagogik: Lehrbuch für Pflegeberufe, 2. Auflage, Stuttgart, Verlag W. Kohlhammer.

Liepmann, Detlev (2000): Motivation, Führung und Erfolg in Organisationen, Frankfurt am Main, Peter Lang GmbH.

Mägdefrau, Jutta (2006): Bedürfnisse und Pädagogik, Eine Untersuchung an Hauptschulen, Bad Heilbrunn, Verlag Julius Klinikhardt.

Mansfeld, Martina (2011): Innovatoren, Individuen im Innovationsmanagement, Wiesbaden, Gabler Verlag.

Maslow, Abraham (1977): Motivation und Persönlichkeit, Olten, Walter-Verlag AG.

Maslow, Abraham (1973): Psychologie des Seins, München, Kindler Verlag GmbH.

Mäthner, Eveline / Jansen, Anne / Bachmann, Thomas (2005): Wirksamkeit und Wirkfaktoren von Coaching, in: Rauen, Christopher (Hrsg.): Handbuch Coaching, 3. Auflage, Göttingen, Hogrefe Verlag.

Maus, Arne (2009): Herausforderung Motivation, Denkpräferenzen und ihr Einfluss auf Engagement und Handeln im Beruf, Bielefeld, W. Bertelsmann Verlag.

Meier, Rolf (2007): 30 Minuten Selbstmotivation, 3. Auflage, Offenbach, GABAL Verlag.

Meier, Rolf (2005): Das 1 x 1 der Selbstmotivation, 40 Tipps zu mehr Zufriedenheit in Beruf und Privatleben, Offenbach, GABAL Verlag.

Mellerowicz, Konrad (1971): Allgemeine Betriebswirtschaftslehre, Die betrieblichen sozialen Funktionen, Berlin, Walter De Gruyter & Co..

Meran, Josef (1987): Über einige methodische Schwierigkeiten, den Begriff „Bedürfnis" als Grundbegriff der Kulturwissenschaften zu verwenden, in: Schöpf, Alfred (Hrsg.): Bedürfnis, Wunsch, Begehren. Probleme einer philosophischen Sozialanthropologie, Würzburg, Verlag Königshausen und Neumann.

Mühlenhof, Mia Christine (2018): Chefsache Intrinsische Motivation, Wiesbaden, Springer Gabler Verlag.

Neges, Gertrud / Neges, Richard (2008): Führungskraft und Coaching: Mitarbeiter und Teams entwickeln, begleiten, beraten, Coaching-Prozesse gestalten, Sich selbst coachen, Wien, Linde Verlag.

Niermeyer, Rainer (2007): Coaching: Ziele entwickeln, Selbstvertrauen stärken, Erfolge kontrollieren, 4. Auflage, München, Rudolf Haufe Verlag.

Nonnenmann, Almut (2004): Faszination Studienreiseleitung: Eine kultur- und sozialwissenschaftliche Untersuchung zur Tätigkeit von Studienreiseleitern, Norderstedt, Books on Demand GmbH.

Oehme, Wolfgang (1979): Führen durch Motivation, Überzeugen statt Anweisen, Eine Führungskonzeption für die Praxis, Essen, Verlag W. Girardet.

Osterloh, Margit / Bastian, Daniel / Weibel, Antoinette (2002): Kompetenzentwicklung im Betrieb, in: Adamski, Manfred : Kompetenzentwicklung 2002, Auf dem Weg zu einer neuen Lernkultur, Münster, Waxmann Verlag GmbH.

Özbeck-Potthoff, Gülden (2014): Führung im organisationalen Kontext, Ein Überblick, Wiesbaden, Springer Gabler Verlag.

Pleier, Nils (2008): Performance-Measurement-Systeme und der Faktor Mensch, Leistungssteuerung effektiver gestalten, Wiesbaden, Gabler Verlag.

Pohl, Michael / Wunder, Michael (2001): Coaching und Führung, Orientierungshilfen und Praxisfälle, Heidelberg, I.H. Sauer-Verlag GmbH.

Rammsayer, Thomas / Weber, Hannelore (2010): Differentielle Psychologie – Persönlichkeitstheorien, Göttingen, Hogrefe Verlag.

Rauen, Christopher (2005): Varianten des Coachings im Personalentwicklungsbereich, in: Rauen, Christopher (Hrsg.): Handbuch Coaching, 3. Auflage, Göttingen, Hogrefe Verlag.

Reichardt, Tina (2008): Bedürfnisorientierte Marktstrukturanalyse für technische Innovationen, Eine empirische Untersuchung am Beispiel Mobile Commerce, Wiesbaden, Gabler Verlag.

Rheinberg, Falko (2010): Intrinsische Motivation und Flow Erleben, in: Heckhausen, Jutta / Heckhausen, Heinz (Hrsg.): Motivation und Handeln, 4. Auflage, Heidelberg, Springer Verlag.

Riedel, Jens (2003): Coaching für Führungskräfte: Erklärungsmodell und Fallstudien, Wiesbaden, Springer Fachmedien.

Riedl, Heike (2014): Flow-Erleben am Point of Sale, Eine empirische Untersuchung im stationären Textilhandel, Wiesbaden, Springer Gabler Verlag.

Ruch, Willibald / Harzer, Claudia (2012): Positive Psychologie, in: Kaudelka, Karin / Kilger, Gerhard (Hg.): Das Glück bei der Arbeit: Über Flow-Zustände, Arbeitszufriedenheit und das Schaffen attraktiver Arbeitsplätze, Bielefeld, transcript.

Salzwedel, Martin / Tödter, Ulf (2018): Authentisch, Soziale Kompetenz als Führungskraft mit dem Business-Enneagramm, 3. Auflage, Freiburg, Haufe-Lexware GmbH & Co. KG.

Schlichtenberger, Clara (2012): Das DASA-Symposium 2011, Über Arbeitszufriedenheit, autotelische Persönlichkeiten und „gute Arbeit" in Zeiten der Krise, in: Kaudelka, Karin / Kilger, Gerhard (Hg.): Das Glück bei der Arbeit: Über Flow-Zustände, Arbeitszufriedenheit und das Schaffen attraktiver Arbeitsplätze, Bielefeld, transcript.

Schmidt, Dirk (2011): Motivation, 88 Strategien, Impulse und Tipps für eine hohe Selbstmotivation, Wiesbaden, Gabler Verlag.

Schmidt, Klaus-H. / Kleinbeck, Uwe (1999): Job-Diagnostic-Survey (JDS – deutsche Fassung), in: Dunckel, Heiner (Hrsg.): Handbuch psychologischer Arbeitsanalyseverfahren, Zürich, Hochschulverlag AG.

Schultheiss, Oliver C. / Brunstein, Joachim C. (1997): Motivation, in: Straub, Jürgen / Kempf, Wilhelm / Werbik, Hans: Psychologie Eine Einführung, Grundlagen, Methoden, Perspektiven, München, Deutscher Taschenbuch Verlag GmbH.

Schütz, Julia (2009): Pädagogische Berufsarbeit und Zufriedenheit, Eine bildungsbereichsübergreifende Studie, Bielefeld, Bertelsmann Verlag GmbH & Co. KG.

Seidel, Sascha (2015): Transformationale Führung der Geschäftsführung als Einflussfaktor auf die Innovationsleistung und den Unternehmenserfolg von KMU's, Hamburg, Igel Verlag RWS.

Stock-Homburg, Ruth (2010): Personalmanagement, Theorien – Konzepte - Instrumente, 2. Auflage, Wiesbaden, Springer Gabler Verlag.

Storch, Dorothee Leonie (2012): Diagnostik von Leistungsmotivation im interkulturellen Vergleich und der Zusammenhang mit Prosozialität, München, Herbert Utz Verlag.

Strombach, Manfred E. (1992): Personalentwicklung, Würzburg, Vogel Buchverlag.

Tomoff, Michael (2018): Positive Psychologie in Unternehmen, Für Führungskräfte, essentials, 2. Auflage, Wiesbaden, Springer Verlag.

Tomoff, Michael (2017): Positive Psychologie – Erfolgsgarant oder Schönmalerei?, Heidelberg, Springer Verlag.

Von der Linde, Boris / Von der Heyde, Anke (2010): Psychologie für Führungskräfte, 3. Auflage, Freiburg, Haufe Verlag.

Von Rosenstiel, Lutz (2015): Motivation im Betrieb, Mit Fallstudien aus der Praxis, 11. Auflage, München, Springer Gabler Verlag.

Von Schumann, Karin / Böttcher, Tamaris (2017): Führen mit Coaching-Kompetenz, in: Von Au, Corinna: Eigenschaften und Kompetenzen von Führungspersönlichkeiten, Achtsamkeit, Selbstreflexion, Soft Skills und Kompetenzsysteme, Wiesbaden, Springer Verlag.

Von Schumann, Karin / Böttcher, Tamaris (2016): Coaching als Führungsstil, Eine Einführung für Führungskräfte, Personalentwickler und Berater, essentials, Wiesbaden, Springer Verlag.

Voos, Dunja (2012): Korrelation (r-Wert), in: www.medizin-im-text.de, https://www.medizin-im-text.de/blog/2012/16722/korrelation-r-wert/, Zugriff am 06.12.2018.

Wehrlin, Ulrich (2011): Mitarbeitermotivation und –leistung im Hochschulmanagement, Verhaltenspsychologie – Motivationstheorie – Motivation durch Ziele - Anerkennung – Begeisterung – Anreize – intrinsische und extrinsische Motivation, München, Martin Meidenbauer Verlagsbuchhandlung.

Weiner, Bernard (1988): Motivationspsychologie, 2. Auflage, München, Psychologie Verlags Union.

Weinreich, Uwe / von Lindern, Eike (2008): Praxisbuch Kundenbefragungen: Repräsentative Stichproben auswählen, Relevante Fragen stellen, Ergebnisse richtig interpretieren, München, FinanzBuch Verlag GmbH.

Werkmann, Katrin (2014): Motivation, Zufriedenheit und Wertschätzung von Sport-Event-Volunteers, Die FIFA Frauen-WM 2011 in Deutschland, Wiesbaden, Springer Gabler Verlag.

Wiedmann, Stefan (2006): Erfolgsfaktoren der Mitarbeiterführung, Interdisziplinäres Metamodell zur strukturierten Anwendung einsatzfähiger Führungsinstrumente, Wiesbaden, Deutscher Universitäts-Verlag.

Wolf, Lars (2005): Mitarbeiterzufriedenheit als Determinante der wahrgenommenen Dienstleistungsqualität, Das Beispiel der stationären Patientenversorgung, Wiesbaden, Deutscher Universitäts-Verlag/GWV Fachverlage GmbH.

Wunderer, Rolf / Küpers, Wendelin (2003): Demotivation – Remotivation, Wie Leistungspotenziale blockiert und reaktiviert werden, München [u.a.], Luchterhand.